Tucholsky Wagner Zola Scott Sydow Schlegel
Turgenev Wallace Fonatne Freud
Twain Walther von der Vogelweide Fouqué Friedrich II. von Preußen
Weber Freiligrath
Kant Ernst Frey
Fechner Fichte Weiße Rose von Fallersleben Richthofen Frommel
Hölderlin
Engels Fielding Eichendorff Tacitus Dumas
Fehrs Faber Flaubert
Maximilian I. von Habsburg Fock Eliasberg Zweig Ebner Eschenbach
Feuerbach Ewald Eliot Vergil
Goethe Elisabeth von Österreich London
Mendelssohn Balzac Shakespeare Dostojewski Ganghofer
Lichtenberg Rathenau Doyle
Trackl Stevenson Hambruch Gjellerup
Mommsen Tolstoi Lenz
Thoma Hanrieder Droste-Hülshoff
Dach Verne von Arnim Hägele Hauff Humboldt
Reuter Rousseau Hagen Hauptmann
Karrillon Garschin Gautier
Defoe Baudelaire
Damaschke Descartes Hebbel
Hegel Kussmaul Herder
Wolfram von Eschenbach Dickens Schopenhauer Rilke George
Bronner Darwin Melville Grimm Jerome Bebel
Campe Horváth Aristoteles Proust
Bismarck Vigny Barlach Voltaire Federer Herodot
Gengenbach Heine
Storm Casanova Tersteegen Grillparzer Georgy
Chamberlain Lessing Gilm
Brentano Langbein Gryphius
Strachwitz Claudius Schiller Lafontaine Iffland Sokrates
Bellamy Kralik
Katharina II. von Rußland Schilling
Gerstäcker Raabe Gibbon Tschechow
Löns Hesse Hoffmann Gogol Wilde Gleim Vulpius
Luther Heym Hofmannsthal Klee Hölty Morgenstern Goedicke
Roth Heyse Klopstock Kleist
Luxemburg Puschkin Homer Mörike Musil
La Roche Horaz
Machiavelli Kierkegaard Kraft Kraus
Navarra Aurel Musset Lamprecht Kind Moltke
Nestroy Marie de France Kirchhoff Hugo
Laotse Ipsen Liebknecht
Nietzsche Nansen Ringelnatz
Marx Lassalle Gorki Klett Leibniz
von Ossietzky May vom Stein Lawrence Irving
Petalozzi Knigge
Platon Pückler Michelangelo Kafka
Sachs Poe Liebermann Kock
Korolenko
de Sade Praetorius Mistral Zetkin

Der Verlag tredition aus Hamburg veröffentlicht in der Reihe **TREDITION CLASSICS** Werke aus mehr als zwei Jahrtausenden. Diese waren zu einem Großteil vergriffen oder nur noch antiquarisch erhältlich.

Symbolfigur für **TREDITION CLASSICS** ist Johannes Gutenberg (1400 — 1468), der Erfinder des Buchdrucks mit Metalllettern und der Druckerpresse.

Mit der Buchreihe **TREDITION CLASSICS** verfolgt tredition das Ziel, tausende Klassiker der Weltliteratur verschiedener Sprachen wieder als gedruckte Bücher aufzulegen – und das weltweit!

Die Buchreihe dient zur Bewahrung der Literatur und Förderung der Kultur. Sie trägt so dazu bei, dass viele tausend Werke nicht in Vergessenheit geraten.

Aesthetische Studien. - Sprachliche Studien. - Aphorismen.

Franz Grillparzer

Impressum

Autor: Franz Grillparzer
Umschlagkonzept: toepferschumann, Berlin

Verlag: tredition GmbH, Hamburg
ISBN: 978-3-8424-9000-0
Printed in Germany

Rechtlicher Hinweis:
Alle Werke sind nach unserem besten Wissen gemeinfrei und unterliegen damit nicht mehr dem Urheberrecht.

Ziel der TREDITION CLASSICS ist es, tausende deutsch- und fremdsprachige Klassiker wieder in Buchform verfügbar zu machen. Die Werke wurden eingescannt und digitalisiert. Dadurch können etwaige Fehler nicht komplett ausgeschlossen werden. Unsere Kooperationspartner und wir von tredition versuchen, die Werke bestmöglich zu bearbeiten. Sollten Sie trotzdem einen Fehler finden, bitten wir diesen zu entschuldigen. Die Rechtschreibung der Originalausgabe wurde unverändert übernommen. Daher können sich hinsichtlich der Schreibweise Widersprüche zu der heutigen Rechtschreibung ergeben.

Text der Originalausgabe

Franz Grillparzer

Aesthetische Studien. – Sprachliche Studien. – Aphorismen.

Aesthetische Studien.
1. Allgemeines.
Zur Kunstlehre.
Grundsatz.

(1819.)

Ich nehme mir bei diesen Anmerkungen vor, ohne Rücksicht auf ein System, über jeden Gegenstand dasjenige niederzuschreiben, was mir aus seinem eigenen Wesen zu fließen scheint. Die dadurch entstehenden Widersprüche werden sich am Ende entweder von selbst heben, oder, indem sie nicht wegzuschaffen sind, mir die Unmöglichkeit eines Systems beweisen.

Als die Natur lebende, selbstthätige Wesen erschuf, die vom mütterlichen Boden getrennt, und daher von der absolut zwingenden Naturnotwendigkeit emanzipiert fortleben und bestehen sollten, sicherte sie die Fortdauer ihres Werkes auf die zweckmäßigste Art dadurch, daß sie jeder auf diese Art freigegebenen Kraft, nebst dem *Vermögen* zu wirken, auch noch ein *Streben* nach Wirksamkeit und einen unwillkürlichen Drang nach allem gab, was diese Wirksamkeit erhalten und vermehren kann.

Diese Einrichtung, die man im allgemeinen mit dem Namen *Trieb* bezeichnet, äußert sich schon bei den Tieren auf eine höchst merkwürdige Art, Unter dem Namen des *Instinkts* bringt er, besonders in einzelnen Fällen und bei einzelnen Gattungen Wirkungen hervor, die durch ihre Vernunftähnlichkeit in Erstaunen setzen. Immer aber sichert er die Erhaltung und Fortpflanzung auf die unfehlbarste Weise.

Auch dem Menschen fehlen diese Triebe nicht. Er hat sie als Körperwesen, nicht in gleicher Stärke, aber ebenso unverkennbar als das Tier; er hat sie als Empfindungswesen, und Lieb' und Haß, Wohlgefallen und Abscheu bezeugen nur allzulaut ihre Gewalt; er hat sie als Vernunftwesen, als erkennendes, wollendes, ahnendurteilendes Geschöpf, sich äußernd in seinem Streben nach dem Wahren, nach dem Guten, nach dem Schönen.

Unter hundert Menschen ist kaum einer, der einen tüchtigen, selbständigen Verstand hat; unter tausend kaum einer, der eine tüchtige lebhafte Phantasie hat; und unter zehntausend mit Verstand und Phantasie begabten Menschen kaum einer, bei dem beide Hand in Hand gehen können, wie sie es müssen, wenn ein Kunstwerk hervorgebracht werden soll.

Wozu also eine Aesthetik, wenn sie weder lehren kann, wie das Schöne hervorzubringen, noch, wie es mit Geschmack zu genießen ist? Dazu, weil es die Sache eines vernünftigen Menschen ist, sich von allen seinen Handlungen und Urteilen einen Grund angeben zu können. Wenn die Aesthetik auch keine Rechenkunst des Schönen ist, so ist sie doch die Probe der Rechnung.

Ich hätte fast Lust, jene Einteilung der Aesthetiker geradehin zu leugnen, nach welcher das Erhabene als ein eigenes *Genus* dem Schönen an die Seite gesetzt wird. Das Erhabene ist nichts als ein *Modus* des Schönen und als solcher dem Lieblichen entgegengesetzt, beide als letzte Grenzpunkte des Schönen, über die hinaus das Reich der Schönheit aufhört, in den Bezirken des Kleinlichen und Gigantesken. Das Gefühl des Erhebens über sich selbst, das den Menschen beim Ansehen des Erhabenen ergreifen soll und als charakteristisches Zeichen desselben angegeben wird, muß die Betrachtung jedes Schönen begleiten und ist eben das Merkzeichen, an dem sich das Schöne von dem bloß Wohlgefälligen ausscheidet.

Zweck des Schönen.

Man sagt: der Zweck des Schönen ist Vergnügen! Erstens: was heißt denn das: *Zweck* des Schönen? Der Zweck des Wahren ist das Wahre und der Zweck des Schönen das Schöne, denn, wenn man je auf die praktischen Wirkungen des Schönen achten will, wer wird da bloß das Vergnügen nennen, das auch das Angenehme hervorbringt und das Schöne nur insofern, als es auch angenehm ist, was nicht immer der Fall ist. (NB. Das ist nur wahr vom Vergnügen im gewöhnlichen Verstande; im höhern wird es vom Schönen immer hervorgebracht.) Rechnet man für nichts die Erhebung des Geistes, die Erhöhung des ganzen Daseins, das Thätigwerden von Gefühlen, die oft im ganzen wirklichen Leben eines Menschen nicht in Anregung kommen? Den Ueberblick über das Ganze des Lebens, die Einsicht in die eigene Brust, in das Getrieb eigener und fremder

Leidenschaften? Das Wacherhalten des Enthusiasmus jeder Art, den die engen Verhältnisse der Bürgerwelt so leicht einschläfern? Ist das alles nichts, daß man nötig hat: durch das Unterschieben des bloßen Vergnügens als Zweck der Kunst den Künstler mit dem Taschenspieler in eine Klasse zu setzen?

Es gibt eine zweifache Art, die Welt zu betrachten: die *wissenschaftliche* und die *beschauliche* oder *kontemplative*. Die erste geschieht – freilich in ihrem Ursprunge durch die Sinnlichkeit vermittelt – fast ausschließlich durch das Erkenntnisvermögen. Von Wahrnehmungen zu Begriffen und von diesen zu Urteilen und Schlüssen emporsteigend, gewinnen wir eine Ansicht, die auf die Natur unsers Geistes gegründet, und bei gehöriger Deduktion, ebenso unerschütterlich als seine Gesetze, die Grundlage von allen dem ausmacht, was als Wissen die Welt erleuchtet und als Wahres sie beglückt. Diese Ansicht des All hat ihre Vorteile, aber auch ihre Nachteile. Das Vorteilhafte besteht – insofern sie sich innerhalb ihrer Grenzen hält – in der Beweisbarkeit ihrer Ansprüche; der Nachteil eben in *diesen Grenzen*. Gerade über das, was die Forschbegierde von jeher am meisten erregt, gerade über die großen Angelegenheiten der Menschheit, über den letzten Zusammenhang der Dinge, die unsichtbare Kette, die die Sinnenwelt und das darüber Befestigte mit einem Band verknüpft, gerade hierüber fühlt sie ihre Kraft versiegen, und – gewohnt in strenger Stufenfolge vorzugehen, sieht sie am Rande ihres Kreises wohl noch die Stangen der großen Leiter ins All hinaufreichen, aber ohne Sprossen, und sie sinkt zurück. Hier kann man nun allerdings die übrigen Vermögen der Seele den Platz der Zurückweichenden einnehmen lassen und mit ihnen den höhern Raum versuchen zu durchdringen, aber – für jeden Fall hört nun das *Wissen* mit seiner strengen Beweisbarkeit auf, und das erneuerte Beginnen fällt mit dem zusammen, was oben als der zweite Teil unseres Forschungsvermögens, mit dem Namen des *Beschaulichen* bezeichnet worden ist. –

Unter *Beschauung* verstehe ich jene Richtung des menschlichen Wesens, durch welche alle seine Kräfte und Vermögen, innere und äußere, ohne Sonderung, ohne daß eines oder das andere vorherrsche, wie in einem Brennpunkte auf einen Gegenstand geheftet werden, der dadurch umleuchtet, erhellt und mit einer Lebendigkeit ins Bewußtsein aufgenommen wird, die beinahe keinen Unterschied zwischen dem Gegenstande und seiner Vorstellung erkennen läßt. Diese Vorstellungsart schließt den Verstand und die Vernunft keineswegs aus, begreift sie vielmehr notwendig in sich, aber nur als Teil des Ganzen, ohne vorherrschende Gewalt.

Wie gefährlich die Wirkung dieses Beschauungsvermögens in seiner Anwendung auf Gegenstände des Wissens und als Supplement des Erkenntnisvermögens ist, haben die Erfahrungen aller Jahrhunderte nur zu deutlich gezeigt. Gar leicht mit der Vernunft vermischt, und seine Ausbeute unter dem Bilde derselben als Ideen ausprägend, veranlaßte sie um so leichter Irrtümer aller Art, als sie hier beinahe ohne Kontrolle ist und vor dem Vorwurfe des Nichtbegreifens gesichert, die Schuld des Nichtverstehens leicht von sich auf die Beschränktheit der Gegner wälzen konnte.

Allerdings aber gibt es eine Anwendung dieses Beschauungsvermögens, wo dasselbe der Kontrolle nicht entbehrt, insofern es nämlich sich bestrebt, das, was es schaut, in einem Bilde darzustellen – insofern es *zur Kunst* wird. Denn da es das Eigentümliche eines Kunstwerkes ist, daß es die Idee, die Anschauung des Künstlers, nicht bloß für ihn selbst erkennbar ausdrückt, sondern auch zur Leiter diene, an der andere des Genusses Fähige zu der ihnen früher unbekannten Idee des Künstlers emporklimmen, so liegt eben in dieser Zugänglichkeit für andere die sicherste Bürgschaft ihrer Realität, ihrer Uebereinstimmung nämlich mit den innern und äußern Gesetzen der Natur.

Hiermit ist nun zweierlei ausgesprochen: Es gibt eine *Kunst* und es gibt *Gesetze* der Kunst, die aber nichts anders sind, als die Gesetze der geistigen und körperlichen Natur in ihrer Zusammenstimmung angewendet auf die Kunst. In ihrer *Zusammenstimmung* sage ich, denn da die Kunst auf einer inneren Anschauung beruht und somit ihrer Wesenheit nach, sowohl über die bloße Körperwelt hinausgeht, als auch – da nicht bloß die Vernunft, sondern alle Vermögen des inneren Menschen bei ihrer Hervorbringung thätig sind – nicht an die alleinige Gesetzgebung der Vernunft gebunden ist, aus diesen Gründen kann sie von beiden Gesetzgebungen nur so viel annehmen, als nötig ist, um nicht physisch unmöglich und logisch und moralisch widersprechend zu sein. Sie wird daher die sklavische Nachahmung der Natur von der einen Seite und die Strenge des Begriffs von der anderen Seite verschmähen, und ihre eigentlichste Aufgabe wird darin bestehen, in der Frucht ihrer Wirksamkeit wie in der Ursache ihres Entstehens beide Welten sich durchdringen und ohne Vorherrschen eine durch die andere sich verherrlichen zu lassen. Ist dies geschehen, hat sie das Mannigfaltige der Wahrnehmung im Einklange mit den Gesetzen des Geistes, aber ohne Vorherrschen des Begriffs für die Anschauung, zu einem Ganzen, zur Einheit gebracht, so hat sie ihren Zweck, das *Schöne*, erschaffen.

Die Einbildungskraft ist entweder *reproduktiv*, wenn sie bloß das *Gegebene*, Anwesende oder Abwesende vorstellt, oder sie ist *produktiv*, wenn sie bloß das Abwesende, als solches noch nicht Gegebene vorstellt. Jedoch gibt auch die produktive nicht den Stoff, den sie aus der Natur nimmt, sondern nur die Form, insofern sie den erhaltenen Stoff in neue Verbindungen bringt. Sie erhebt sich insofern über die Erfahrung und wird *Phantasie* genannt. Diese äußert sich entweder

1. als *Kombinationsvermögen*, indem sie die gegebenen Formen zu neuen, über die Erfahrung hinausgehenden Bildern vereinigt. Dies geschieht entweder *unwillkürlich*, wie im Traum, oder mit *Willkür*, und letzteres zwar entweder zu einem *bestimmten Zwecke*, unter der unmittelbaren Leitung des Verstandes, wie bei den mechanischen Künsten, oder ohne *eigentlichen Zweck*, in welchem Falle sie das *Dichtungsvermögen* heißt.
2. Aeußert sie sich als *Vermögen der Grundanschauungen* (des Raumes, der Zeit, der Gestalt, der Dauer, des Grades, der Zahl etc.), welche Vorstellungen uns nicht durch die Erfahrung gegeben werden, daher sie auch reine *Anschauungen* heißen und die Einbildungskraft in Beziehung auf sie transcendental genannt wird.

Die kombinierende Phantasie liefert entweder 1. Bilder, die aus den *Gesetzen der Gedankenassociation* (durch das Gesetz der Zeitfolge und Gleichzeitigkeit, Aehnlichkeit und Verwandtschaft der Vorstellungen, sowie deren Beziehungen auf das individuelle Subjekt) zu erklären sind; oder 2. ihre Wirkungen sind aus dem Gesetze der

Gedankenassociation nicht zu erklären; hier ist sie selbstthätig und macht die Grundbedingung des *Dichtungsvermügens* aus.

Gesamtwirken und Sonderung der Seelenvermögen.

Der Zustand, in welchem der menschliche Geist sich gegenwärtig befindet, ist nicht sein ursprünglicher. Jedermann gibt das zu hinsichtlich des Grades seiner Ausbildung; es gilt aber auch von der Art und Weise seines Wirkens. Der Geist des Menschen ist einer und die Abteilungen, in die wir ihn zum Behufe der Erkenntnis nach einzelnen Vermögen zerlegen, existieren weder wirklich, noch sind sie selbst im angenommenen Prinzip der Teilung so streng geschieden, als die Benennungen glauben machen könnten. Es gibt keinen Verstand ohne Urteilskraft, kein Denken ohne Erinnern, keine Vernunft ohne Phantasie; sie durchdringen sich wechselweise und nur das Vorherrschende gibt den Namen. Diese Sonderung ist schwer zu tadeln. Das Quantitative unserer Fortschritte hat dadurch gewiß unendlich gewonnen. Das ganze Verfahren ließe sich mit demjenigen ähnlichen vergleichen, durch welches die technischen Arbeiten der Ernährung, Bekleidung, Behausung, die im ursprünglichen Zustande jeder alle zu eigenem Gebrauche besorgt, beim Fortschreiten der Kultur aber jedes Einzelne einem einzelnen zugeteilt wird. Da ist nun nicht zu leugnen, daß der Schneider, der bloß schneidert, ein Kleid verfertigen werde, das die Fellbedeckung des Urmenschen unendlich übertrifft und ebenso der Schuster den Schuh und der Schreiner den Tisch; ob aber der Schneider als Mensch in seiner Gesamtbildung durch diese Teilung nicht ebensoviel verliert, als er als Schneider gewinnt, ist noch eine andere Frage. Ebenso ist es mit den Geistesfähigkeiten. Verstand und Vernunft z.B. haben durch jene Sonderung der Vermögen zwar allerdings einen Grad der Schärfe der Abstraktionsfähigkeit erreicht, der von vornherein beinah unmöglich scheinen müßte, und zur Erforschung und Zergliederung von Teilvorstellungen ist das gewiß höchst ersprießlich: aber wie nun? wenn es sich darum handelt, die Welt zu betrachten? Welche traurigen Resultate haben da die Erfahrungen der letzten Zeit gezeigt! und wer würde nicht da den ungetrübten Blick des Naturforschers vorziehen dem zersplitterten und zersplitternden des kritischen Philosophen? Je weiter wir in der Zeit zurückgehen, je weniger treffen wir diese strenge Sonderung der Vermögen und was die Schriften der Alten so anziehend, so unnachahmlich macht, ist eben dieses Hervorleuchten des ganzen Menschen, statt eines einzigen Vermögens. Sie überzeugen, wir wollen überweisen. Daher kommt es aber auch, daß selbst die Scharfsinnigsten der Alten für uns so wenig schließend scheinen. Dieses führt nun auf folgende Einteilung der Arten, die Welt zu betrachten (wissenschaftliche und beschauliche).

Deduktion des Schönen *a priori*

A priori läßt sich das Gefühl des Schönen durchaus nicht deduzieren. Es ist zwar von vornherein gewiß, daß dasjenige, was Ordnung und Harmonie in unsere Teilvorstellungen bringt, indem es das Auffassen erleichtert, eben dieser Erleichterung wegen ein gewisses Vergnügen erregen müsse, aber dieses Wohlgefallen ist von dem ästhetischen so himmelweit unterschieden, als die Berechnung der Quinte von ihrem Klang. *A priori* betrachtet, müßte das systematisch geordnete Lehrgebäude einer Wissenschaft ebensoviel Vergnügen machen, als das schönste Kunstwerk.

Unendlichkeit des Schönheitsgefühls.

Das Gefühl des Schönen ist ein *unendliches*, weshalb es auch unter dessen charakteristische Zeichen gehört, daß dabei die Wirkung weit die veranlassende Ursache übersteigt. Was liegt denn in dem Materiellen oder selbst in den Verhältnissen einer wohlgeordneten Säulenreihe, daß es mit einem Schlage dein ganzes Wesen erhebt, dich anzieht, fesselt, dich bis zu Thränen entzückt, alles, was du Großes und Herrliches gesehen, gelesen, gehört, empfunden, mit einem Zauberschlage emporregt und in lauen Wellen durch die erweiterten Adern strömen läßt? Warum bist du besser, milder, gütiger, mutiger in dem Augenblicke der Beschallung und bald darauf, solange der Eindruck noch in deinem Innern wogt? Warum entzückt dich die Natur selbst in dieser Stimmung mehr, so daß selbst Gräser und Mücken eine Bedeutung gewinnen? Kannst du hassen, grollen, beneiden, hinterhalten in dieser Stimmung? Scheint nicht der ewige Zwiespalt der sittlichen und sinnlichen Natur, des Wollens und Sollens, in diesem Augenblicke ausgeglichen? Ist dir Gott noch unbegreiflich, und unverständlich das All? Fühlst du nicht deine Verwandtschaft mit den Wesen unter dir und mit etwas über dir? Ist es nicht, als ob unsichtbare Fäden sich aus deinem Innern ausspannten und in ungeahnten Beziehungen die ganze

Welt verbänden? Und das alles hätte der armselige Säulengang aus hartem Sandstein, nach dem oder jenem Verhältnisse geordnet, bewirkt? Oder wäre es nicht das Gefühl der *Ganzheit*; das momentane Aufhören der Zersplitterung, in die das Leben unser Wesen versetzt; das Gefühl der Einheit alles Endlichen in einem Unendlichen, was diese Wirkungen hervorruft? – Ferner zum deutlichen Beweis, daß nicht bloß die Phantasie auf Kosten der übrigen Vermögen erhöht wird – du *denkst* auch leichter in diesem Zustande; alle Wahrheiten – höchstens die mathematischen ausgenommen, die eben die strengste Sonderung fordern – sind dir einleuchtender, selbst die philosophische Abstraktion gelingt besser, zum deutlichen Beweise, daß die durch das Schöne bewirkte Erhöhung der innern Kräfte nicht eine teilweise, sondern eine allgemeine ist.

Naturnachahmung des Wunderbaren.

Auch das Wunderbare ist der Nachahmung der Natur nicht enthoben. Nicht zwar, als ob es in seiner Bilderverbindung an das wirklich in der Natur Vorkommende oder selbst an das Physisch-Mögliche gebunden wäre, sondern dadurch, daß es eine aus der Menschennatur fließende, durch den Lauf der Jahrhunderte bewährte und ausgebildete Form des Wunderglaubens gibt, der es treu bleiben muß, wenn es poetisch geglaubt werden oder praktisch wirksam sein soll. Als unangreifbar für das Wunderbare erscheinen: das Urfaktum des Selbstbewußtseins; das Gesetz der Kausalität (vermöge dessen wohl die Ursache erdichtet sein kann, aber nie die Wirkung, oder deutlicher: das Erdichtete der Wirkung schon in der Ursache vorkommen muß). Auf gleiche Weise können beim Fühlen und Wollen allerdings die Motive außer dem Kreise der Natur liegen, aber aus diesen Motiven muß psychologisch natürlich der Gefühls- und Willensakt fließen. Die thätige *Aeußerung* des Willens gehört wieder unter der oben gegebenen allgemeinen Beschränkung völlig dem Reiche des Wunders an.

Reiz der genauen Naturnachahmung.

Arthur Schopenhauer findet, und mit Recht, einen Grund des wahrhaft künstlerischen Reizes, den die genauen Naturnachahmungen der Niederländer in ihren Stilleben und Landschaften auf uns machen, in der Vorstellung von der Ruhe und rein beschauenden Stille des Gemüts, die in dem Künstler herrschend gewesen sein muß, um derlei Dinge objektiv zu betrachten und so treu genau darzustellen. Ist nun gerade das Gemüt des Beschauers von Leidenschaften – oder Leiden bewegt, so kann die Vorstellung dieser objektiven Ruhe bis zur höchsten Rührung steigen.

Nachahmung der Natur als Zweck der Kunst

Man hat die *Nachahmung der Natur* als das höchste Gesetz der Kunst aufgestellt. Ich frage aber: kann man die Natur nachahmen? – Die Bildhauerkunst gibt Formen, aber des höchsten Reizes, der Bewegung, der Farbe, entbehrt sie. Die Malerei stellt Landschaften dar, und das Höchste, was sie erreichen kann, ist, daß sie das äußere Ansehen des Baumschlages, der Gräser, der Wolken so täuschend als möglich darstellt; kann sie uns aber auch das Rauschen dieser Bäume, das Wallen dieser Gräser, das Ziehen dieser Wolken, was gerade in einer wirklichen Landschaft den Hauptreiz ausmacht, wiedergeben? Wo bleibt der Gesang der Vögel, das Murmeln des Baches, das Geläute der Glocken? Von einer beschriebenen Landschaft, die das Bewegliche darin allerdings, wenn auch matt, wiedergeben kann, ist wieder hinsichtlich der Anschaulichkeit an keine Vergleichung mit der wirklichen zu denken. Und doch bewegt die einfarbige, regungslose Natur, die gemalte, beschriebene Landschaft in der Kunst Menschen, welche die wirkliche kalt ließ in der Natur! – Wie kommt es nun, daß das matte Abbild stärker anspricht, als das lebendige Urbild? Denn die technische Vollendung der Nachahmung kann doch keine Rührung hervorbringen, höchstens ein Erstaunen, wie es die Kunststücke eines sogenannten starken Mannes oder die unzähligen Gesichter in den Kirschkernen unserer Kunstkammern erregen. Ferner: wirkt denn die Natur (insofern sie nämlich nicht Befriedigungsmittel unserer Bedürfnisse darbeut) wirklich unmittelbar auf uns, und warum wirkt sie denn nicht auch auf die Tiere, warum nicht auf alle Menschen gleich? Was liegt denn in der Röte der Wolken, im Verglimmen des Lichtes, im Hereinbrechen der Schatten beim Untergange der Sonne Rührendes, daß mir darüber die Thränen in den Augen stehen? Warum gehe ich die frischen, grünenden Bäume vorüber und bleibe stehen vor dem blitzgetroffenen, betrachte ihn, bleibe versunken stehen und kehre mich zuletzt mit einem Seufzer ab? Was beseufze ich? den Baum? Er fühlt seine Verletzung nicht. Oder beseufze ich halb unbewußt das Fallen alles Großen, das Verblühen des Blühenden,

»das Los des Schönen auf der Erde«? Trage ich *meine* Empfindung auf den Baum über, und ist er mir nur ein Bild dessen, was ich dabei denke? Wenn es nun so ist, und es ist so, so wird es auch begreiflich, warum die Natur bloß tiefer denkende und empfindende Menschen bewegt, indes die andern, durch zufällige Nebendinge zerstreut, gar nicht zum Bewußtsein des eigentlich Wirksamen kommen. Wenn nun aber der zum Auffassen und Wiedergeben des Gemüt-Ansprechenden in der Natur Fähige sich hinsetzt, um seine Empfindung bleibend darzustellen, und er demnach aus dem beobachteten Naturgegenstande – mit Hinweglassung des für die Wirkung Gleichgültigen oder Störenden – dasjenige aufzeichnet, was die gefühlte Wirkung auf ihn hervorgebracht hat; so wird nun auch der flachere Beschauer auf diese Art zur Aufmerksamkeit angeregt und durch das Wegschneiden der gleichgültigen Nebendinge auf den eigentlichen Punkt gefesselt, die vorher ihm entgangene Beziehung deutlich werden, und er wird vor dem Kunstwerke fühlen, was er an dem Naturgegenstande weder bemerkte, noch ohne den Künstler je bemerkt hätte, da es weniger der Gegenstand dem Beschauer, als vielmehr der Beschauer dem Gegenstande mitgeteilt hat. Er wird die Idee des Künstlers erkennen und die Nachahmung des Gegenstandes wird nur das Mittel der Verständlichung gewesen sein.

Bouterweck erklärt sehr gut das ästhetische Gefühl aus dem *Urgefühle* des Menschen, mit dem derselbe, außer dem Zustande der Roheit, aber noch vor der Sonderung seiner einzelnen Vermögen gedacht, die Welt mit all seinen Auffassungsmitteln, physischen, Geistes- und Gemütskräften ungeteilt in sich aufnimmt, so daß in dem entstehenden Wahrnehmungsbilde Beziehungen aller Art sich zu *einem*, erfreuenden, erhebenden, aber zugleich unbestimmten Eindruck vereinigen.

Wahrheit der Kunst.

Man spricht von einer *Wahrheit der Kunst*, die durchaus notwendig sei, wenn letztere das Schöne hervorbringen wolle; auf der andern Seite gesteht man aber doch wieder, daß manches in den Künsten schön sei, obgleich es nicht wahr ist. Wie hängt das zusammen? Etwa auf folgende Art. Daß die Künste eine gewisse Wahrheit haben müssen, folgt schon daraus, daß sie, wie man allgemein zugibt, täuschen, d. h. durch den Schein wirken sollen; da es nun aber, wie keine Wirkung ohne Schein, so auch keinen Schein ohne Wahrheit, d. h. ohne teilweise Uebereinstimmung der Vorstellung mit ihrem Gegenstande gibt, so folgt wohl von selbst, daß die Künste wenigstens nicht unwahr sein können. Die hier geforderte Wahrheit wird aber keineswegs die objektive, die der Erkenntnis sein können. Diese ist einerseits für die Kunst unerreichbar, weil sie, ohnehin nicht auf Wissen gestellt, auch das Erkenntnisvermögen, das bei Gewinnung jener demonstrabeln Wahrheit allein, oder doch absolut vorherrschend thätig erscheint, nur als ein Teilvermögen ihrer Gesamtkraft aufnehmen kann, in welche Gesamtkraft hingegen gerade diejenigen Geistes- und Gemütsthätigkeiten, welche durch den täuschenden Schein, den sie erzeugen, dem Zustandekommen der Erkenntnis so hinderlich sind, als wesentliche Teile gehören. Auf der andern Seite aber wäre diese Wahrheit, nebstdem daß sie für die Kunst unerreichbar ist, auch noch für sie unzureichend, da durch dieselbe nur das Erkenntnisvermögen einseitig befriedigt wäre, die übrigen, bei der künstlerischen Beschauung thätigen Vermögen aber leer ausgehen würden, und somit wohl ein Wissen, aber kein Kunstwerk entstehen könnte.

Die Wahrheit, die jedes Kunstwerk haben muß, kann demnach nur eine solche sein, welche sich auf alle, bei der Zustandebringung desselben thätigen Kräfte gleichmäßig trifft; denn jedes eines Eindrucks fähige Vermögen hat seine eigene Wahrheit, die in der Uebereinstimmung seiner Eindrücke mit deren Gegenstande, modifiziert durch die aus seiner innern Einrichtung hervorgehenden Gesetze seiner Wirksamkeit besteht. Verstand, Phantasie, Gefühl und Sinnlichkeit verlangen daher jedes ihre Wahrheit in der Kunst, von denen zugleich aber jede einzelne bedingt und beschränkt wird durch die Möglichkeit der andern, eben weil sie zu *einem* Eindrucke zusammenfließen sollen. Es wird demnach die bloße Wahrheit des Verstandes in einem Kunstwerke keinen Platz finden, wenn und insofern sie die Wahrheit der Sinnlichkeit aufhebt, so wie die Phantasie ihre Uebereinstimmung nur so weit verfolgen kann, als sie die Grundbedingungen des Gefühls nicht verletzt. Hieraus entsteht nun statt der objektiven eine subjektive, die *ästhetische* oder *Kunstwahrheit*, die jedes Kunstwerk haben muß, wenn es wirken, den Menschen bewegen soll. Die Wahrheit des einen oder andern dieser

Vermögen nun, insofern dadurch die der übrigen paralysiert und nicht zur Sprache gelassen wird, ist das, was man *Täuschung der Kunst* nennt, welche Täuschung gleichfalls eine Wahrheit ist, denn sonst könnte sie nicht wirken, aber eine teilweise, nicht objektive.

Begeisterung.

Es gibt auch eine *teleologische Begeisterung* (aus abbildloser Betrachtung der Natur). Diese unterscheidet sich von der ästhetischen dadurch, daß letztere durch unmittelbare Beziehung auf ein begrenztes Objekt der Anschauung zur Einheit gebracht und befriedigt wird. Die volle Übereinstimmung eines Gegenstandes mit unserem Erkenntnisvermögen ist ein *Begriff*; er begründet das Wahre, im Schönen liegt gleichsam bloß eine dunkle Vorahnung einer solchen Übereinstimmung.

Allegorie.

Die *Personifikation*, als Versinnlichung eines Begriffes, wird dann zur *Allegorie*, wenn nicht die Schönheit der Darstellung, sondern der Begriff selbst als Hauptsache und Zweck erscheint und die Versinnlichung nur als Mittel zur Möglichkeit (wie in der bildenden Kunst) oder zur größeren Eindringlichkeit und Annehmlichkeit der Darstellung des Begriffes (wie in der Poesie) angewendet wird. Die Allegorie gehört daher, wie die äsopische Fabel, nur zum Teile ins Gebiet der Kunst.

Typen der Einbildungskraft.

Es ist unstreitig, daß durch öftere Wahrnehmung mannigfaltiger Individuen, die zu einer Gattung gehören, sich der Einbildungskraft ein gewisses abgezogenes Bild, ein Typus der Gattung eindrückt, der sodann beim Formen von Begriffen die Grundlage macht. Die gewöhnliche Aufmerksamkeit auf die Operation des Denkens zeigt dies. In dem Augenblicke z.B., als ich den Begriff: »Farbe« denke, zuckt, beinahe zugleich, ein gewisses undeutliches Bild von etwas, das, ohne eigentlich eine bestimmte Farbe darzustellen, doch mit jeder Farbe mehr Aehnlichkeit hat, als mit sonst irgend etwas in der Welt – dieses undeutliche Bild, sage ich, dieses ununterscheidbare Aggregat von Bildergliedern zuckt wie ein Blitz zugleich mit dem Gedanken durch die Seele und gibt der Form des Begriffes erst den Inhalt. Dieses Phantasiebild liegt selbst den abstraktesten Begriffen und Ideen, denen von Zeit, Ewigkeit, Gott u.s.w. zu Grunde, sonst sind sie undenkbar. Dieser Typus der Einbildungskraft nun, weiter verfolgt, in seinen Teilen zu größerer Klarheit des Bewußtseins gebracht, gibt die Grundlage des Ideals für die Kunst.

Form der Zweckmäßigkeit

Kants Zweckmäßigkeit ohne Zweck und Zusammenstimmung zur Erkenntnis, überhaupt ohne Begriff, in seiner Erklärung der Schönheit, verstehe ich ungefähr so: Außer der objektiven Beschaffenheit eines Gegenstandes, die vor allem dem Begriff zu Grunde liegt, und den subjektiven Beziehungen, die am vorherrschendsten in der Empfindung des Angenehmen walten, kann es ja noch einen dritten Bezug geben, das Dasein z.B. eines gemeinschaftlichen Bandes, das, aus einem gemeinschaftlichen Urheber hervorgehend, den Betrachtenden und das Betrachtete umschlingt und sich gegenseitig nähert. Vielleicht oder vielmehr wahrscheinlich liegt der im Geschmacksurteil gefühlten Zusammenstimmung ein solches Drittes zu Grunde, welches das Wort des Rätsels, den wirklichen Begriff des Zweckes zur erkannten bloßen Form der Zweckmäßigkeit enthält; dies Dritte kommt aber nicht in unser deutliches Bewußtsein, und wir müssen es daher beim *Denken* über das Schöne außer der Rechnung lassen.

(Um 1840.)

Wenn man das Wort Ästhetik ausspricht, so kann man damit zweierlei meinen: Ästhetik als einen Teil der Philosophie, und Ästhetik als Kunstlehre. In ersterem Sinne soll der Mensch über alles denken, nicht aufhören zu versuchen, auf die Gefahr, das Letzte seines Strebens nie zu erreichen. Denkt er doch über den Zusammenhang der Welt nach, obwohl tausend an eins zu setzen ist, daß er diesen Zusammenhang nie einsehen wird. Da zeigt sich aber gleich ein großer Unterschied: die wirkliche Welt besteht, gleichviel, ob wir sie begreifen oder nicht; die Welt des Kunstschönen soll aber erst hervorgebracht werden, und da dürfte eine falsche Auffassung leicht von den nachteiligsten Folgen sein. Glücklicherweise ist die Natur der Beschränktheit des menschlichen Geistes schon von vornherein zu Hilfe gekommen. Man kann richtig denken ohne Logik, rechtschaffen handeln ohne Moral und das Schöne empfinden, ja hervorbringen ohne Ästhetik. Außer allem Zweifel werden unsere natürlichen Vermögen durch die Wissenschaft geschärft, erhöht, ja berichtigt, aber die Wichtigkeit jener Theorien liegt weniger in dem Nutzen der wahren als in der absoluten Schädlichkeit der falschen. Es ist schon oft gesagt und wiederholt worden, daß die vorzüglichsten Dichtwerke entstanden sind, ehe man von Regeln nur einen Begriff hatte, und die entgegengesetzte Erscheinung, daß in neuerer Zeit, je mehr man sich mit Ästhetik beschäftigt, die praktische Poesie immer leerer und matter wird, scheint eins wie das andere nicht sehr zu Gunsten einer solchen Wissenschaft zu sprechen. Ohne Zweifel würde eine richtige Aesthetik ein großer Gewinn für die Kunst sein. Sie würde zwar die spezifische Begabung oder das Talent nie entbehrlich machen, uns aber doch vor dem ganz Verkehrten und Absurden bewahren, das in unserer Zeit eine so große Rolle spielt, nicht gerechnet die demütigende Erscheinung des immerwährenden Geschmackwechsels, die ihren Wohnsitz vor allem in unserm Deutschland aufgeschlagen hat.

(1834.)

Die Kunst überhaupt einzuteilen, ohne sie zu zerstückeln, Goethes Konfession am Schluß der Farbenlehre.

Die Aufgabe der Kunst ist: in der Natur jene Folge darzustellen, welche der Idee von Zweckmäßigkeit für das Gemüt, die wir Schönheit nennen, entspricht.

(1836.)

Schön ist dasjenige, das, indem es das Sinnliche vollkommen befriedigt, zugleich die Seele erhebt. Was dem Sinnlichen allein genug thut, ist angenehm. Was die Seele erhebt, ohne durch das vollkommene Sinnliche dahin zu gelangen, ist gut, wahr, recht, was man will, aber nicht schön.

Die Schönheit ist die vollkommene Uebereinstimmung des Sinnlichen mit dem Geistigen.

(1839.)

Wenn der sinnlich befriedigende Eindruck durch Erweckung der Idee das Vollkommene ins Uebersinnliche hinüberreicht, so nennen wir das das Schöne.

(1839.)

Die Darstellung unserer Empfindung in und mittels der Natur ist die Poesie oder vielmehr die Kunst im allgemeinen.

Es ist die eigentliche Aufgabe, wieviel Unsinn ein Gedicht nicht nur enthalten kann, sondern muß; denn der Sinn ist die Prosa. Weh dem Gedichte, das sich völlig durch den Verstand erklären läßt! Das in seiner Art, also isoliert Vollkommene ist das ästhetisch Schöne; das in seiner Beziehung auf das Ganze Vollkommene, das moralisch Gute.

(1844.)

Schön ist, was durch die Vollkommenheit in seiner Art die Idee der Vollkommenheit im allgemeinen erweckt.

(1839.)

In der Kunst ist Gedanke nicht jenes Produkt des Denkvermögens, das in der Prosa mit diesem Namen bezeichnet wird, sondern ein in sich abgeschlossener Kunstorganismus, dem ein Gedanke oder eine Empfindung zu Grunde liegt.

(1820.)

Man hat die Kunst eine Nachahmung der Natur genannt. Warum sollten wir aber etwas nachmachen, das wir schon ohnehin in der Wirklichkeit besitzen? Die Porträtmalerei ahmt die Natur nach, damit wir einen Gegenstand, selbst dann, wenn er von uns entfernt ist, vor uns haben können. Wie tief steht aber die Porträtmalerei auf der Stufe der Künste. Und wäre die Kunst überhaupt nichts als das? – Sie ist auch keine Verschönerung der Natur: denn wer könnte die Natur im einzelnen schöner machen, als sie ist. Vergleicht einen gemalten Baum mit einem lebendigen, eine beschriebene Landschaft mit einer wirklichen, die mediceische Venus mit eurer Geliebten! – Was ist denn also die Kunst? – Sie ist die Hervorbringung einer andern Natur, als die, welche uns umgibt, einer Natur, die mehr mit den Forderungen unseres Verstandes, unserer Empfindung, unseres Schönheitsideals, unseres Strebens nach Einheit übereinstimmt. Wenn mir dabei die äußere Natur nachahmen, so geschieht es nur, weil wir unserer Schöpfung auch eine Existenz geben und sie von einem leeren Traumbild unterscheiden wollen. Nun sind aber, so sehr es in unserer Willkür steht, den Dingen eine Essenz zu leihen, doch unsere Vorstellungen von *Existenz* durchaus nur vom Existierenden abstrahiert und gehen nicht weiter als dieses; daher müssen wir wieder zur Natur unsere Zuflucht nehmen, und ihre Nachahmung ist nicht der Punkt, von dem mir ausgehen, sondern der, auf den wir zurückkommen.

(1837.)

In der *revue des deux mondes* habe ich neulich den Satz gelesen: Die Kunst ist keine Nachahmung der Natur, sie ist eine Erklärung derselben. Es ist viel Wahres da drin. Eine Erklärung in der Nachahmung.

(1821.)

Das Urteil ausübender Künstler über Kunstwerke ist nicht immer das verläßlichste. Denn von Neid und absichtlicher Parteilichkeit abgesehen, überschätzt unter ihnen der Thor das, was er selbst hat, auch in der fremden Gabe; der Einsichtige hingegen das, was er nicht hat und wonach er strebt.

(1821.)

Nicht der Gedanke macht das Kunstwerk, sondern die Darstellung des Gedankens. Das bei den Deutschen so beliebte Vorherrschen der Idee hat den Nachteil, daß dabei leicht die Nachahmung der Natur als untergeordnet erscheint; ohne Naturgemäßheit aber gibt es in der Kunst keine Wahrheit, und ohne Wahrheit keinen Eindruck. Worüber ist denn der reiche Werner zu Grunde gegangen, als durch diese immerwährende Unterordnung der Natur unter den Begriff? Alle unsere Vorstellungen von Existenz sind nur vom Existierenden abgezogen, und wenn man das letztere aus den Augen verliert, so gibt es nur Träume und keine Wesen, logische Möglichkeiten, aber keine Wirklichkeiten, nicht einmal den Schein davon. Die Kunst soll aber eine, wenn auch höhere, Welt mit Wesen sein, ein erhöhtes Wachen mit glänzenden Gestalten; nicht ein Schlaf voll Träume.

Allgemeines.

(1821.)

Die Betrachter von Kunstwerken lassen sich nach drei Stufen der Ausbildung einteilen. Die ersten sehen bloß aufs Außen- und Machwerk; das sind die rohesten und gemeinsten, und die meisten. Die zweiten, die, obschon über die vorige Stufe hinaus, doch selbst nicht überflüssig Ideen haben und bei denen die wenigen vorhandenen als Embryonen unentwickelt daliegen, sehen auf Gehalt, Gefühl, Rührung, Begriff, moralischen Wert, weil sie sich durch diese Eigenschaften eines Kunstwerkes ihrer eigenen Empfindungen und unentwickelten Ansichten erst bewußt werden und zu einem wohlthätigen Gefühl ihres eigenen Selbst gelangen. Die dritten endlich, die selbst was zu machen im stande sind, oder die wenigstens wissen, worauf es dabei ankommt, sehen auf die Darstellung. Sie, denen hundertmal die herrlichsten Ideen durch den Kopf gehen, bis sie einmal zur künstlerischen Ausbildung einer einzigen gelangen können, wissen, daß Ideen wohlfeil sind und nur dann ein Verdienst begründen, wenn sie durch Verschmelzung mit der Natur zum äußern Leben gekommen, wenn das Begriffsskelet mit dem weichen Fleisch des Daseins bekleidet worden ist. Sämtliche Neu-Altdeutsche mit ihrer Bewunderung der Kunstwerke des Mittelalters sind auf der zweiten Kunststufe. Der Umstand, daß trotz alles Redens und Theoretisierens keiner von ihnen etwas Tüchtiges hervorbringt, könnte sie schon über ihre Impotenz belehrt haben und über ihr Verkennen dessen, worauf es ankommt. Ein Hund von dieser zweiten Art ist auch der Speth, der in seinem Buche: »Die Kunst in Italien«[1] albernes Gewäsch vorbringt und sich untersteht, den ehrwürdigen Goethe zu verunglimpfen.

(1821.)

Schlendrian und Pedantismus in der Kunst urteilen immer gern nach Gattungen, diese billigen, diese verwerfen sie: der offene Kunstsinn aber kennt keine Gattungen, sondern nur Individuen.

(1855.)

---

[1] Erster Teil München 1819

Darum ist in der Kunst das Bewußtlose das Höchste, weil auch in der Natur der bewußtlose Zweck das Herrschende ist. Zweckmäßigkeit ohne Zweck hat es Kant genannt.

Ich stelle mir die Sache so vor: Der Mittelpunkt des menschlichen Wesens, sinnlichen und geistigen, ist die Seele. In ihr liegt alles vereinigt und aufbewahrt: Erfahrenes, Erlebtes, Gedachtes, Gefühltes. Dieser Zuwachs ist, was man Bildung nennt. Er ändert in einem gewissen Grade selbst die Substanz der Seele, und durch ihn ist der Mensch im vierzigsten Jahre ein anderer, als im vierten. Den Gesamtausdruck der Seele, insofern ihr Streben nicht nach außen geht, nenne ich die Empfindung, Die Empfindung ist nicht ohne Unterscheidung, weil das Geistige eben auch in ihr liegt. Wird die Empfindung durch starke Eindrücke angeregt, so verliert sich diese Unterscheidung, und sie wird Gefühl, sowie andererseits durch gemäßigte Anlasse die Unterscheidung vom Geiste aus sich mehr und mehr Platz macht und das entsteht, was Kants Urteilskraft ist, ein anschauender Verstand, der die Regel aus dem Geiste und die Teile aus dem sich gliedernden, unermeßlichen Vorräte von aufbewahrten Eindrücken nimmt. Diese Urteilskraft liegt dem gesunden Menschenverstand zu Grunde. Im vollständigen Auseinandertreten verfällt die Empfindung einerseits dem sinnlichen Bedürfnis, andererseits verfeinert sie sich zum Verstande, oder Vernunft, oder Geiste, wie man es eben nennen will.

Der Sitz der Kunst ist in der Empfindung, die einerseits den Unterscheidungen der Urteilskraft nahe steht, anderseits aber durch ihr Hineinreichen in den ganzen Menschen eine ungeheure Verknüpfung – Ideenassociation – anregt, deren Vorstellungen ihrem Ursprung von außen nach sich zu Bildern verkörpern und als Phantasie die natürliche Auffassung des Menschen nachahmen, die sinnlichen Eindrücke mit Gedanken verbindet, nur daß hier die Bilder sich schon nach einem Gesichtspunkte einstellen, indes die äußern Eindrücke zufällig und unvermittelt überraschen.

Ich weiß wohl, daß das alles dummes Zeug ist, aber die Welt würde in diesem Augenblicke zusammenbrechen, wenn ihre Verbindungen solche wären, die wir einsehen könnten.

(1855.)

Daß sich über die Kunst und den Vernunftgebrauch von vornherein nichts ausmachen läßt, erhellt schon daraus, daß der Gegenstand der Kunst: das Schöne, durchaus ein Ergebnis der Erfahrung ist. Ob der Gedanke, in inniger Verbindung mit dem sinnlich wohlgefälligen Bilde, mehr Vergnügen über die Veredlung des sinnlichen Eindrucks, oder mehr Mißvergnügen über den unadäquaten Ausdruck des Gedankens hervorbringen wird, läßt sich vom Standpunkte des Geistes nicht voraus bestimmen. Ich sage: unadäquater Ausdruck, weil sich der Gedanke nur durch Gedanken völlig entsprechend ausdrücken läßt. Und wenn wir auch den Menschen als so vorherrschend sinnlich annähmen, daß ein Bild ihn mehr befriedigte, als eine Ausführung durch Gedanken, so wäre doch erst das Wohlgefallen an der Kunst vorausbestimmt, aber noch nicht die Begeisterung, das Entzücken, das Hinreißende der Kunst.

(1856.)

Das Urteil, das der vortreffliche Macaulay in seiner englischen Geschichte Kapitel XIV über die Predigten Tillotsons fällt: His reasoning was just sufficiently profound and sufficiently refined to be followed by a popular audience with that slight degree of intellectual exertion which is a pleasure, gilt noch viel mehr als von einer Predigt, von dem Anteil, den die Denkkraft an dem Genuß künstlerischer, eigentlich ästhetischer Gegenstände zu nehmen hat.

(1840.)

Die Wissenschaft überzeugt durch Gründe, die Kunst soll durch ihr Dasein überzeugen, wie die Wirklichkeit, wie die Natur.

(1839.)

Das Aesthetische ist vielleicht eins mit dem Eindrucke, den das *Vollkommene in seiner Art* auf uns macht. Eben weil letzteres im Individuum gewöhnlich nicht vorkommt, erweckt es den Begriff der Gattung, des Zusammenhanges der Wesen, des Ganzen, und erhebt den Menschen so über sich, ja die Welt.

(1839.)

Die Kunst verhält sich zur Natur, wie der Wein zur Traube.

       Die Kunstverderber.

(1856.)

Wenn man vom Verderben eines Strebens, einer Richtung, einer Kunst spricht, so meint man wie natürlich nicht die mangelhaften Schritte, die vom Anfange aus bis zur Gewinnung eines, der Vollkommenheit sich nähernden Standpunktes gemacht werden. Sie sind förderlich, notwendig und in ihrer Unvollkommenheit verehrungswürdig, ob es gleich lächerlich ist, wenn eine übersättigte Zeit ihnen einen höhern Wert zuschreiben will, als den, den sie wirklich haben. Verderben heißt: eine schon vorgeschrittene Kunst durch falsche Bestrebungen wieder rückgängig machen. Da stößt man denn freilich bei den Verteidigern eines immerwährenden Fortschrittes gewaltig an. Aber wollte man diesen auch, gegen alle Erfahrung, im ganzen der Welt zugeben, so stößt man doch im einzelnen damit gewaltig an, besonders wenn es sich um Begabungen und Energien handelt, die nur bei einzelnen vorkommen, ja ihrer Natur nach eine Art Abgeschlossenheit, um nicht zu sagen: Einseitigkeit bedingen. Kenntnisse lassen sich mitteilen, Kräfte nicht. Die Bildung, die allerdings in den letzten drei Jahrhunderten in immerwährendem Fortschritt war, beruht auf einem Gleichgewicht aller menschlichen Fähigkeiten; Bestrebungen, die wesentlich ein Uebergewicht besonderer Eigenschaften voraussetzen, sind weit entfernt, durch solche Allgemeinheiten gefördert zu werden, Bildung haben und seine Bildung am gehörigen Orte vergessen zu können, sind für den neuern Dichter gleich wichtige Erfordernisse, ja letzteres beinahe wichtiger, wie es schwerer ist.

Man kann eine Kunst theoretisch oder praktisch verderben.

Die falschen Theorien verderben eigentlich die Kunst nicht, sie kommen erst, wenn sie bereits verdorben ist. Die Produktion hat eine so überwältigende Macht, daß ästhetisches Gefasel dagegen unwirksam bleibt. Erst wenn die Ausübung ermattet oder sich selber untreu geworden ist, dann machen sich die falschen Grundsätze breit und erschweren, ja machen die Rückkehr für die Masse halb unmöglich. Erst ein neues schaffendes Talent bricht oft spät genug den Bann; denn die echten Grundsätze liegen im Talente selbst und, als erweckbarer Keim, auch in der Masse.

Also nur die Künstler verderben die Kunst. Das ist oft gesagt worden und daher nichts Neues. Meistens aber wurde der Satz so gebraucht, als ob es die eigentlich schlechten Künstler wären, die dieses Verderbnis herbeiführen. Das ist aber ganz unwahr. Die schlechten Dichter bleiben unbeachtet, und die mittelmäßigen unterhalten, oft ganz mit Recht, die Menge, die aber recht wohl zu unterscheiden weiß, daß, wenn sie Wallensteins Tod sieht, sie auf eigentlichem Kunstgebiete steht, indes sie sich gestern bei Kotzebue oder Iffland ganz einfach nur unterhalten hat.

Die ausgezeichneten Künstler sind es, die die Kunst verderben, wenn sie sich individuellen Richtungen mit zu großer Vorliebe hingeben. Der Tadel trifft aber dann eigentlich nicht sie. Jede Begabung hat das Recht, zu sein, was sie ist, und wenn die Kunst ein Allgemeines hat, das aus der Sache selbst fließt und in dem Zusammentreffen mit allen großen Künstlern desselben Faches sich kundgibt, so macht das Individuelle den eigentlichen Reiz aus, der unterscheidet und erfrischt. Wollte Gott, jeder Künstler wäre ein anderer. Wenn aber die Nachahmer, durch den Glanz des Namens und das Einschneidende der Besonderheit verführt, sich auf das Individuelle werfen, ohne die Individualität zu besitzen, die es naturgemäß erzeugt und ebenso rechtfertigt als entschuldigt, dann weicht die Kunst von ihrem Wege ab, und die Verwilderung tritt ein, entweder augenblicklich, wenn das Nachgeahmte leidenschaftlicher Natur war, oder später, als Nachwirkung gegen reflektive Kälte und launische Ablehnung.

Man muß daher unter den ausgezeichneten Künstlern einen großen Unterschied machen, zwischen den vortrefflichen als solchen und den mustergültigen (der eigentliche Begriff für das, was man klassisch nennt). Die ersteren gehen einen Pfad, der nur für sie gangbar ist, die zweiten den Weg, der für alle paßt. Der Ausdruck originell ist daher sehr zweideutiger Natur, und es gehört eine große Begabung dazu, um einen Künstler nicht schon durch diese Bezeichnung in die zweite Rangstufe zu setzen. Auf den eigentlich großen Künstler übt das von seinen Vorgängern Übernommene als Vorhandenes die Macht eines Natürlichen, und er macht es wie alle andern, nur unendlichemale besser.

So ist in der Musik Beethoven vielleicht ein so großes musikalisches Talent als Mozart oder Haydn, nur hat etwas Bizarres in seiner Naturanlage, verbunden mit dem Streben originell zu sein, und allbekannte traurige Lebensumstände ihn dahin geführt, daß, in weiterer Ausbildung durch talentlose Nachtreter, die Tonkunst zu einem Schlachtfelde geworden ist, wo der Ton mit der Kunst und die Kunst mit dem Ton blutige Bürgerkriege führen.

(1845.)

Das Unerwartete darf allerdings und soll in der Kunst vorkommen; aber wie es eintritt, muß es wirken wie ein Notwendiges und durch sich selbst Gerechtfertigtes.

Der Künstler, an dem man die Originalität als charakteristische Eigenschaft hervorhebt, gehört schon deshalb in den zweiten Rang; denn die Geister ersten Ranges charakterisiert der Sinn für das Natürliche. Sie machen es wie alle andern, nur unendlichemale besser.

(1820.)

Allerdings ist es falsch, daß die Form das Höchste in der Kunst sei, aber das Höchste ist in der Kunst nur insofern etwas, als es in der Form erscheint; d. h. insofern es der Künstler nicht bloß gedacht und empfunden, sondern das Vorgestellte auch adäquat dargestellt hat.

(1818.)

Jede Entfernung von der Natur in der Kunst ist entweder Stil oder Manier, Stil, wenn die Entfernung nach den Forderungen des Ideals geschieht! Manier, geschieht sie aus was immer für einem andern Gesichtspunkte.

(1829.)

Die sogenannte moralische Ansicht ist der größte Feind der wahren Kunst, da einer der Hauptvorzüge dieser letztern gerade darin besteht, daß man durch ihr Medium auch jene Seiten der menschlichen Natur genießen kann, welche das Moralgesetz mit Recht aus dem wirklichen Leben entfernt halt.

Ueber Dilettantismus.

Sie werden es sonderbar, vielleicht wohl gar ein wenig lächerlich finden, wenn ich mit meiner so entschieden und oft ausgesprochenen Abneigung gegen die in unsern Tagen überhandnehmende Kunstkritik, mir beigehen lasse, mit Aufsätzen ans Licht zu treten, die ein ähnliches kritisches Bestreben unverhohlen schon an der

Stirne tragen. Sonderbar oder nicht, wenigstens schließt die Sache keinen Widerspruch ein. Niemand kann sich von der Richtung der Zeit frei halten, in der er lebt. Selbst den, der sie bestreitet, zwingt sie, wenn auch nicht mit ihren Waffen, doch immer auf ihrem Boden zu kämpfen, und wovon gar nicht die Rede sein sollte, davon muß er reden, wenn er überhaupt sprechen will. Ferner: mag man auch noch so sehr von der Unnotwendigkeit einer abgesondert auftretenden Kritik durchdrungen sein, so macht doch, wenn einmal die Schranke durchbrochen ist, das Dasein einer *schlechten*, die Gegenüberstellung einer *guten* wieder gewissermaßen notwendig, wie Fieberrinde an sich ein übles Ding ist, aber nach eingetretenem Fieber nur gar zu wünschenswert wird. Endlich möcht' ich nicht Werke kritisieren, sondern Kritiken, oder wenigstens nur solche Werke, die ihr Entstehen, statt einem unschuldigen Trieb, zu schaffen, einem Fleisch gewordenen kritischen Geiste verdanken.

Zur Sache! Das Grundübel unserer neuesten deutschen Litteratur und Kunst scheint mir in dem Vorherrschen eines gewissen *Dilettantismus* zu liegen.

Der Dilettant ist ein gesteigerter Liebhaber. So wie dieser, kann auch er viele, ja bedeutende Einsicht in das Wesen einer Kunst, ja selbst eigene Ideen von größerem oder geringerem poetischen Gehalte haben, nur fehlt ihm bei allem Streben doch das Vermögen einer genügenden Darstellung. Solche Leute kommen im Leben häufig vor. Sie sind, wenn ihre Auffassungsgabe mit Selbsterkenntnis und Bescheidenheit geplant ist, höchst liebenswürdig und interessant. Was sie hervorbringen, entzückt ihre Freunde, weil diese im stande und in der Stimmung sind, das Fehlende der Darstellung aus ihrer Kenntnis des Verfassers zu supplieren, und eine gewisse Unbeholfenheit in der Anwendung der Mittel wird nicht selten zu einem eigenen Reiz, wie das Lallen des Kindes der Mutter entzückender klingt, als aller Wohllaut der Dichtkunst im Munde der Musik.

Beim Dilettanten gilt immer der Willen fürs Werk, indes ein Künstler nur derjenige genannt werden kann, der auch ins Werk zu setzen vermag, was er will. Jede Kunst liegt in der vollkommenen *Darstellung* der mehr oder weniger vollkommenen Idee; und dies zwar so sehr, daß nur darin ihr charakteristischer Unterschied von der Wissenschaft zu suchen ist.

Wer das Schöne weder weiß noch fühlt, ist ein Tropf; wer es fühlt, ein Liebhaber; wer es weiß, ein Kunstphilosoph; wer, was er davon fühlt und weiß, auszuführen strebt, ein Dilettant; wer es ausführt, ein Künstler. Wer mit einem beschränkten Ideenkreis seinen kleinen Vorrat selbständig außer sich hinzustellen vermag, ist ein Künstler, indes der Ideenreichste, dem die Gabe, das Gedachte von seinem Innern abzulösen, mangelt, dieses Namens ewig wird entbehren müssen. Hölty in seiner Nußschale wird ein Dichter bleiben bis ans Ende der Welt, und die Schlegel werden es ewiglich *nicht* sein, waren sie auch tiefer als die Tiefe des Weltmeers. Die niederländischen Kuh- und Gemüse-Raphaels sind Maler, und der *sinnige* Schnorr wird es täglich weniger, je mehr er sinnt.

Es liegt aber diese *Darstellung*, die ich als das charakteristische Merkmal jedes Kunstwerkes betrachte, wie schon oben bemerkt wurde, in der vollkommenen Ablösung des Hervorgebrachten von dem hervorbringenden Gemüte. Erst wenn die Frucht von dem Mutterleibe getrennt und die letzte verbindende Schnur abgeschnitten ist, dann erst tritt ein neuer Mensch ins Dasein, der das Prinzip seines Daseins in sich selbst tragt und als Geschöpf wandelt nach eigener Richte.

Allgemeines.

(1822.)

Das Kunsturteil des Dilettanten und des Meisters unterscheiden sich darin, daß ersterer dabei das Kunstwerk mit sich in Übereinstimmung zu bringen sucht, letzterer sich mit dem Kunstwerke.

(1836.)

Die Kunst ist keine Frucht der Bildung, denn das Wesen der Bildung ist Vielseitigkeit, die Kunst aber beruht auf einer Einseitigkeit. Ihr muß nämlich ein Stoff und ein Gedanke im Augenblicke des Schaffens und des Genießens an die Stelle der ganzen übrigen Welt treten.

Es gibt, besonders in Deutschland, Kunstliebhaber und Dilettanten, die in einem fremden Werke nur das lieben, was sie von ihrem eigenen hineingetragen haben. Wie gewisse Insekten, die, da sie nicht Lebenswärme genug haben, ihre Jungen selbst auszubrüten, die Eier in fremde lebende Körper hineinlegen. So gefällt Tieck, der mit dem Erhabenen nur durch das Medium Shakespeares zusammenhängt, an dem großen Briten eigentlich nur das, was er in ihn hineindeutet und dichtet. Solche Leute, an sich ziemlich unschädlich, sind als Kritiker und Freunde besonders gefährlich für ausübende Künstler. Schober ist ein solcher Mensch.

(1819–1820.)

Ein gewisser Kunstsinn ist in Deutschland ziemlich verbreitet, der Künstlersinn aber ist fremd darin.

(1838.)

Was den Deutschen vor allem fehlt, ist der Kunstsinn. Dieser besteht darin, den Gedanken im Bilde zu genießen. Die Deutschen gehen aber auf den Gedanken los, ohne sich um das Bild viel zu bekümmern. Diese Geistesverfassung gehört der Wissenschaft an, zerstört aber die Kunst.

(1834.)

Wenn eine Zeit in der Kunst für das Hohe und Tiefe schwärmt, so ist der Geschmack verdorben; denn der wahre Sinn – um nicht zu sagen: das Verständnis – für das Tiefe und Hohe ist immer nur das Vorrecht einzelner Begabter, die andern beten nach.

(1834.)

Was dem *empfindenden* Menschen wahr ist, ist poetisch wahr, und was dem *denkenden* Menschen wahr ist, philosophisch wahr. Jeder, der eine wenn auch nur subjektiv wahre Beziehung der Dinge auf das Gemüt entdeckt und darzustellen weiß, ist ein Dichter. Byron so gut als Klopstock.

(1834.)

Philosophisch wahr ist, was sich erweisen läßt; poetisch wahr das, wovon man überzeugt ist, oder besser, was man als wahr *fühlt*, im Gegensatz von dem, was man als wahr *weiß*.

(1834.)

Die Welt mit den Gesetzen der Empfindung in Übereinstimmung zu bringen, das ist die Aufgabe der Poesie, oder vielmehr der Kunst im allgemeinen.

Des Menschen unabweisliches Streben ist, sich mit der Welt in Uebereinstimmung zu setzen. Wo das nun nicht gehen will, sucht die Philosophie am Menschen zu bessern, die Poesie kehrt es um, und ändert die Welt.

(1857?)

Der Kunst die Erkenntnis der Ideen zuzuschreiben, ist lächerlich, da der Ausdruck Idee doch immer eine objektive Gültigkeit beansprucht, wo es denn endlich auf die Urbilder der Dinge hinausgeht, deren Erkenntnis dem Menschen wohl nicht gegeben sein dürfte. Daß dem Künstler bei vollständiger Konzentration aller Kräfte (der Philosoph konzentriert nur die geistigen) das innere Wesen der Gegenstände deutlicher werde als den übrigen Erdensöhnen, ist allerdings anzunehmen, aber wie weit ist es da noch bis zu den Urbildern. In früherer Zeit hat man statt Ideen Ansichten gesagt, und da kann es denn allerdings höchst vernünftige und annähernd richtige geben.

(1830.)

Was ist komisch? Ist komisch und lächerlich das nämliche? Wenn lächerlich das ist, worüber man lacht, so ist auch der Witz lächerlich, ohne darum komisch zu sein. Der Witz ist korrosiv, das Komische ist expansiv. Witzige Menschen sind oft nicht gute Menschen, komische sind fast nie böse. Der Witz gehört dem Geiste an, die Komik jener gemischten Region, die man Gemüt nennen kann, wenn es einem beliebt, wo Empfindung und Gefühl, Fürwahrhalten (Glauben?) und Phantasie, Neigung und Wärme ihren Sitz haben. – In der Wirkung steht das Komische am nächsten dem Spaßhaften, obwohl die Hervorbringung des letztern etwas Bewußtes hat, das bei dem Komischen nicht notwendig ist. Man *macht* einen Spaß, und man *ist* komisch. – Hier wäre vielleicht einzubohren! – Wie, wenn das Komische das Objektiv-Lächerliche wäre, gegenüber dem Spaßhaften, dem Witzigen, dem Satirischen, das in der Wendung liegt und subjektiver Natur ist.

(1822.)

Man schreit jetzt in allen Künsten so sehr gegen die Regeln und daß das Genie sich durch sie nicht könne binden lassen. Das letztere ist wohl auch wahr. Aber durch gänzliches Aufheben der Regel auch jene Köpfe davon zu befreien, die keine Genies sind, muß doch notwendig zum Unsinn führen; und das thut es auch.

(1820.)

Der Hauptgrund der Verschiedenheit in den Kunsturteilen der Männer und denen der Frauen liegt darin, daß letztere in der Regel keiner Abstraktion fähig sind und nur das bewundern können, was sie zugleich auch vollkommen billigen.

(1822.)

Unser Entzücken über ein Kunstwerk ist offenbar aus diesen drei Empfindungen zusammengesetzt: das ist nicht bloß *möglich*; das *ist*! – So mein Innerstes ansprechend, so auf einen Punkt vereinigt, so eins mit meinem Wesen habe ich es selbst in der Natur nicht gesehen! – Und das hat ein Mensch gemacht! –

(1822.)

Ein Kunstwerk muß sein wie die Natur, deren verklärtes Abbild es ist: für den tiefsten Forscherblick noch nicht ganz erklärbar; und doch schon für das bloße Beschauen etwas, und zwar etwas Bedeutendes. Wer etwas schafft, das der gemeinmenschlichen Fassungskraft nichts ist und erst der tiefsinnigen Reflexion sich gestaltet, hat vielleicht ein philosophisches Problem glücklich in poetischer Einkleidung gelöst, aber er hat kein *Kunstwerk* gebildet.

(1836-1838.)

Was ist denn nun diese Begeisterung, die zum Schaffen in der Kunst als notwendig bezeichnet wird? Es ist nicht jene Steigerung der Gemüts- und Geisteskräfte, die, von ähnlichen physischen Zuständen begleitet und unterstützt, gewöhnlich mit einem solchen Namen bezeichnet wird. Diese Begeisterung ist bloß teils die äußere Erscheinung, teils die Folge einer vorausgegangenen anderen Ursache. Sonst würden ja Kunstwerke Ausgeburten eines kranken Zustandes, einer Art geistigkörperlichen Trunkenheit heißen müssen. Die eigentliche Begeisterung ist die Hinrichtung aller Kräfte und Fähigkeiten auf einen Punkt, der für diesen Augenblick die ganze übrige Welt nicht sowohl verschlingen, als repräsentieren muß. Die

Steigerung des Seelenzustandes entsteht dadurch, daß die einzelnen Kräfte, aus ihrer Zerstreuung über die ganze Welt in die Enge des einzelnen Gegenstandes gebracht, sich berühren, wechselseitig unterstützen, heben, ergänzen. Durch diese Isolierung nun wird der Gegenstand gleichsam aus dem flachen Niveau seiner Umgebungen herausgehoben; statt nur an der Oberfläche, von allen Seiten umleuchtet, durchdrungen; er gewinnt Körper, bewegt sich, lebt. Dazu gehört aber die Konzentration aller Kräfte. Nur wenn das Kunstwerk für den Künstler eine Welt war, wird es auch eine Welt für den Beschauer. In neuerer Zeit aber breiten sich die Richtungen zu sehr aus. Der Raum des Kunstwerkes scheint dem Künstler zu eng, er will daneben und dazwischen noch dies und das, und wie ihm das Gefühl der Notwendigkeit des Geschaffenen fehlt, stellt es sich auch bei dem Beschauer nicht ein.

Die Begeisterung der augenblicklichen Leidenschaft, die Begeisterung der Narrheit und die Begeisterung des Skandals, die einzigen in der neuesten Poesie übrig gebliebenen Stellvertreter der poetischen Begeisterung.

(1821–1822?)

Die neueste Zeit unterscheidet sich von ihren Vorgängerinnen auch darin, daß sie in allen Dingen einen ganz neuen Weg gefunden zu haben glaubt, obgleich diese Neuerungen, genau betrachtet, eben auch nur Nachahmungen oder Umkehrungen oder Verwechslungen längst dagewesener, allgemeiner oder besonderer Erscheinungen sind. – So ist die neueste Kriegskunst wahrscheinlich nur dadurch entstanden, daß die improvisierten Generale der französischen Revolution instinktmäßig die Kriegführung der wilden Horden nachahmten und dadurch ihre taktisch gebildeten, aber geistlosen Gegner in heillose Verwirrung setzten, bis endlich der letzte Vervollkommner der kannibalischen Methode in eigener Waghalsigkeit ein seiner glänzenden Laufbahn unwürdiges Ende fand. Und so wird das System in künftigen Hordenfeldzügen fortdauern, bis einmal ein Mann von Geist etwa die Grundsätze Friedrichs des Großen als eine neue Neuheit hervorsucht und die stumpfgewordene Genialität mit denselben Waffen besiegt, die es siegreich verspottete.

Was von den garstigen Künsten gilt, gilt auch von den schönen. Sie haben sich in neuester Zeit sämtlich erweitert, weil sie teils in ihre wechselseitigen Gebiete, teils in die Prosa hinübergriffen, und halten sich nun für reicher, weil sie mehr Geld in der Kassa haben, wenn auch geborgtes.

Ich will hier vorzugsweise von der Musik sprechen; einmal weil ich sie liebe und immer mit Eifer getrieben habe, dann weil es die einzige Kunst ist, in der wir Deutsche einen eigenen Weg gebrochen haben, indes wir in den übrigen viel zu spät gekommen sind, um auf etwas anderes, als auf den Ruhm mehr oder weniger glücklicher Nachahmer Anspruch machen zu können.

Meine Behauptung geht nun dahin: daß die Musik, abgesehen von dem Mangel an Talenten, in Deutschland auf dem Wege der Verschlechterung sei, weil sie sich aus ihrem eigenen Gebiete in das der Poesie hinüber begeben hat.

Hier ist nun vor allem nötig, daß wir die Gebiete der verschiedenen Künste zu bestimmen suchen.

Wie unähnlich sie jedoch im einzelnen sein mögen, so kommen sie doch in den Hauptbestimmungen, als einer und derselben Richtung des menschlichen Geistes, der Kunst angehörig, wie natürlich überein. Diese Grundbedingungen oder wesentlichen Bestandteile aller Kunst nun sind: der sinnliche Eindruck, die Empfindung, der Gedanke. Was einen dieser Faktoren entbehrt, gehört nicht mehr der Kunst an, verschieden aber ist das Maß des Anteils und die Stufenfolge, in der die verschiedenen Künste an denselben teilnehmen.

Die Malerei (Plastik mit einbegriffen) geht vom sinnlichen Eindruck aus, erweckt dadurch den Gedanken und durch diesen die Empfindung. Die Musik, gleichfalls vom Sinn empfangen, geht jedoch unmittelbar auf die Empfindung über, und der Gedanke, der kaum je zum völligen Bewußtsein gelangt, ist in seiner Unbestimmtheit der letzte, gleichgültigste Bestandteil des Wohlgefallens oder Mißfallens. Die Poesie endlich, die freilich auch sinnlich gehört oder gesehen werden muß, wo denn aus dem guten oder schlechten Fall der Verse allerdings ein Minimum von Lust oder Unlust entstehen mag, fängt doch eigentlich erst mit dem den Worten entsprechenden Gedanken an, erregt durch ihre Verknüpfung die Empfindung, und die nicht von außen hinein-, sondern von innen herausgehende Versinnlichung ist erst die letzte Stufe der Vollendung.

Diese Unterschiede, wie gleichgültig sie von vornherein scheinen mögen, bestimmen doch wirklich das Gebiet der Künste.

Von seinem Ursprunge kann sich nichts lossagen. Der sinnliche Eindruck, wo er den Anfang macht, ist so stark, daß die später folgende Billigung oder Mißbilligung des Verstandes die Wirkung nie mehr ausgleichen kann, die das Individuum durch seine natürlichste Wahrnehmungsquelle, den Sinn, empfangen hat; es könnte höchstens dadurch ein Umkehren, eine Art Neue entstehen, die aber immer einen zusammengesetzten Eindruck gäbe, nie einen einfachen ganzen, wie ihn die Kunst fordert.

(1836.)

Ihr Elenden, die ihr Geist habt, aber nur nicht, eure Werke damit zu begeistigen! Was kümmert mich der Mensch in euch! Das geht eure Angehörigen, eure Frauen und Kinder an. Im Künstler lebt nur das, was er zu verarbeiten, was er zum Zwecke der Kunst zu verwenden weiß. Eure Werke seid ihr. Wer hat nicht Geist? Der Philister hat ihn auch. Nicht die Hand gibt einen Wert, sondern was man mit der Hand macht.

Ueber Genialität.

(Um 1840?)

Nicht leicht wird ein Wort in neuester Zeit häufiger gebraucht als das Wort Genie und das ihm entsprechende Adjektiv genial. Die Bezeichnung als Talent ist dagegen so im Werte gesunken, daß man es, Menschen und Werken beigefügt, beinahe als eine Beleidigung betrachten kann und nicht viel mehr sagen will, als gemein, Mittelgut, *unus ex multis*.

Was wollen denn aber vor allem die beiden Ausdrücke sagen, und inwieweit ist daher ihr Gebrauch ein richtiger? Da nun in den höchsten geistigen Sphären die Grenzen oft ineinander laufen und es sich hier überdies vorläufig um eine Sprachbestimmung handelt, so wollen wir die Sprache selbst als Beispiel und Musterbild voranstellen.

Da nennen wir denn ein Sprach *genie* denjenigen, der die innigsten Beziehungen und Verwandtschaften vieler Sprachen erfaßt und durchschaut und so regelgebend auf seine und die Sprache im allgemeinen rückwirkt, gesetzt auch, daß er sich in keinem einzigen Idiom, seine Muttersprache ausgenommen, geläufig auszudrücken vermöchte. Ein Sprachtalent dagegen wird demjenigen zugeschrieben, der viele Sprachen mit Leichtigkeit erlernt hat und sich ihrer mit Geläufigkeit und Gewandtheit in vorkommenden Fällen, sprechend und schreibend, bedient. Jakob Grimm ist ein Sprachgenie, der Kardinal Mezzofanti ein Sprachtalent.

Wir mögen die beiden Ausdrücke durch alle Fächer und Bildungsformen verfolgen, immer wird sich zeigen, daß Genie sich auf die Tiefe und Eigentümlichkeit der Auffassung, Talent dagegen auf das Vermögen der Ausübung bezieht.

In den wissenschaftlichen Bestrebungen nun, wo der Gedanke die Hauptsache ausmacht und die Darstellung nur als Einkleidung, als Nebensache erscheint, mag allerdings Genialität für sich allein ausreichen, obgleich auch hier, wer einer entdeckten Wahrheit keine Ueberzeugung beizufügen weiß, in Gefahr steht, fruchtlos sich bestrebt zu haben...

2.

Man hört in neuerer Zeit nichts häufiger als den Ausdruck: genial. Da fragt sich nun zuerst, was das heißen soll? Will man damit von jemanden sagen, er sei ein Genie? oder nur, er sei etwas annähernd dem Genie Aehnliches? Im ersten Falle sollte man bedenken, daß das Genie, wie die Aloe, kaum alle hundert Jahre einmal blüht. Es hat ganze Zeiträume gegeben, die nicht ein einziges Exemplar dieser seltenen Pflanze aufzuweisen hatten, und sollte die neuere Zeit daran auf einmal so fruchtbar geworden sein? Wodurch und wie? da es sich hier um eine Naturgabe handelt und nicht um etwas Erworbenes, Ungebildetes, wie jedermann zugibt. Nimmt man aber genial nur für etwas dem Genie Aehnliches, so muß vor allem genauer bestimmt werden, was denn das Genie eigentlich sei, um es auch in seiner Aehnlichkeit wiederzuerkennen und von verwandten Gaben zu unterscheiden. Die nächst verwandte Gabe aber ist das Talent. Betrachtet man nun Talent und Genie als Stufenleiter eines und desselben Vermögens, nur dem Grade nach verschieden, so würden die Ausdrücke: ein großes, ein außerordentliches Talent, und: ein Genie, gleichbedeutend sein, was man wieder nicht zugibt. Schon die Ausdrucksweise des gewöhnlichen Lebens unterscheidet hier sehr genau. Wer viele Sprachen mit Leichtigkeit erlernt und mit Fertigkeit gebraucht, ist ein Sprachtalent; wer die Uebereinstimmung und die allgemeinen Bezüge derselben Sprachen oder vielmehr der Sprache überhaupt durchschaut, von den Zweigen zum Stamm, vom Stamm zur Wurzel verfolgt und nachweist, ist ein Sprachgenie, wenn er sich auch in keinem einzigen fremden Idiom mit Bequemlichkeit auszudrücken vermöchte. So nennen wir den Abbé Mezzofanti ein außerordentliches Sprachtalent, Jakob Grimm, wenn man will, ein Sprachgenie. Es bleibt also nichts übrig, als einen spezifischen Unterschied zuzugeben und das Genie in die Eigentümlichkeit der Auffassung und das Talent in die Geschicklichkeit der Ausübung zu setzen.

Da leuchtet nun sogleich ein, daß in den geistigen Bestrebungen, die auf Erforschung der Wahrheit, auf Erweiterung unserer Kenntnisse gehen, das Genie und nur das Genie es ist, in dem alles Heil liegt. Wer eine neue Wahrheit gefunden hat, gesetzt, er drückte sich auch so unbeholfen aus, als Kant oder Hegel, ist ein Wohlthäter des Menschengeschlechtes.

Anders aber dürfte es in den Künsten sein. Wenn irgend ein Künstler, ein Dichter zum Beispiel, eine neue Idee, eine Wahrheit nämlich, gefunden hätte – obwohl mir im ganzen Bereich der Poesie kein Dichter bekannt ist, von dem man so etwas sagen könnte – so hätte er sich dadurch nur in die Reihe der Philosophen oder Naturkundigen gestellt, als Dichter aber noch gar nichts geleistet. Denn die Kunst besteht in der Lebendigmachung der Idee, in der Zurückführung des Gedankens auf die Wirklichkeit, in der *Darstellung* mit einem Worte. Wenn man sich hier durch eine Unterscheidung der philosophischen von der poetischen Idee helfen wollte, so wäre dabei wenig gewonnen, denn die poetische Idee ist schon eine Einkleidung, eine Versinnlichung, eine Verkörperung der philosophischen, und somit sie selbst schon eine Darstellung. Was bei den Philosophen gegenüber der Auffindung des Gedankens Nebensache ist: die Auffaßbarkeit von Seite des Zuhörers, ist bei dem Künstler die Hauptsache; die Kunst ist eben nichts, als der Komplex der Mittel, seine Gedanken lebendig auf den Zuhörer übergehen zu machen. Wer die höchsten Gedanken hat, aber sie nicht darzustellen vermag, kann ein außerordentlicher Mensch sein, ein Künstler aber ist er nicht.

Da man aber anderseits doch Gedanken haben muß, wenn man ihrer darstellen will, so ist allerdings Genie, *verbunden* mit dem Talente, Eigentümlichkeit der Auffassung, Hand in Hand mit der Gabe der Lebendigmachung, das Höchste, was die Kunstwelt aufzuweisen hat. Nur kommt das Ding, wie gesagt, oft in Jahrhunderten nicht einmal vor.

Das eigentliche Genie ausgeschlossen, kann daher die Bezeichnung genial nur auf einen Teil jenes weltbeglückenden Ganzen gerichtet sein, und da die als genial Bezeichneten den Beinamen: Talent mit Entschiedenheit, als eine Art Unglimpf, zurückweisen, so bleibt für sie vom Genie, mit Ausschluß der Darstellungsfähigkeit, nur das Eigentümliche der Auffassung, die Originalität des Gedankens übrig. Da kommt nun zu bemerken, daß in einer Zeit, wo die Ideen fixiert sind, die Eigentümlichkeit der Ansicht allerdings eine gewisse Stärke des Geistes voraussetzt. Sind die Ideen aber einmal im Fluß, hat sich die Zeit von Ehrfurcht und Ordnung emanzipiert, so ist nichts leichter, als aus dem wirbelnden Strudel ein paar Gedanken: *qui heurlent de se trouver ensemble,* herauszugreifen und gewaltthätig zu verbinden. Wenn man es nur mit der Richtigkeit nicht so genau nimmt, so hat dann die Eigentümlichkeit wenig Schwieriges. Jeder Gedanke, auf den Kopf gestellt, gibt einen neuen, und ein Narr im Narrenhause hat mehr originelle Einfälle, als alle Dichter seit Erschaffung der Welt zusammengenommen.

Aber auch die Originalität im besten Sinne zugegeben, so ist doch in der Kunstwelt derjenige, der eigentümliche Gedanken hat und sie nicht angemessen darzustellen vermag, das, was man im gewöhnlichen Leben einen Stümper nennt, d. h. ein solcher, der das nicht machen kann, was er machen möchte.

Ich bin hier bei dem Punkte angekommen, auf den ich von vornherein mein Augenmerk richtete. Genialität ohne Talent ist der Teufel der neueren Kunst, Wenn ich sage: ohne Talent, so meine ich nicht, als ob diese Gabe der neuern Zeit ganz fehlte. Aber je größer der Gedanke, um so schwieriger die Ausführung. Ein Talent, welches für einen mäßigen Stoff ausgereicht hätte, wird lächerlich, wenn es sich mit einem großen befaßt, und so haben wir denn lauter verunglückte Meisterwerke, statt genießbaren Kunstprodukten. Wenn hierin in Deutschland die bildende Kunst eine Ausnahme macht, so beruht dieses auf der einfachen Ursache, daß die Natur in ihrer unerforschten Machtvollkommenheit sich entschlossen hat, nach langer Sparsamkeit einige dem Genie nah kommende, wenn nicht gar es erreichende Talente hervorzubringen, die dann den andern die Richtung geben. Poesie und Musik aber sind gleichmäßig in jenem Grundübel befangen.

(1835)

Klassisch ist fehlerfrei.

Genialität ist Eigentümlichkeit der Auffassung; Talent Fähigkeit des Wiedergebens; Genialität ohne Talent gibt keinen andern Wert, als einen höchst persönlichen. Sie geht nur den Besitzer und seine nächste Umgebung an. Was nicht ausgeführt wird, ist leer; was nicht ausgeführt werden kann, ist verrückt. Das Talent gehört der Welt. Es ist das Vermögen, der Idee eine Ueberzeugung oder ein Gegenbild beizugesellen. Das heutige Deutschland ist die Heimat der Genialen und Talentlosen.

Man ist darum noch nicht eigentümlich, weil man die gang und gäbe Meinung auf den Kopf stellt.

In Deutschland pflegt man Genie und Talent als Stufengrade derselben Kraft, als quantitativ verschieden zu betrachten. Ihr Unterschied ist aber qualitativ, Genialität bezeichnet die Eigentümlichkeit der Auffassung, Talent die Fähigkeit des Wiedergebens und der Ausführung; das Genie faßt einen großen Gedanken, das Talent fügt ihm eine Ueberzeugung oder ein Gegenbild bei. Das neueste Deutschland ist vielleicht genial, aber gewiß talentlos.

Gott, gib uns für jedes Dutzend unserer Genies nur ein Talent, und wir sind geborgen.

(1839.)

Das Genie bezieht sich auf die Auffassung, das Talent auf die Ausführung, Talent ohne Genie behält immer seinen Wert, Genie ohne Talent ist ein Vorsatz ohne That, ein Wollen ohne Können, ein

Satz ohne Ueberzeugung. Niemand spricht mehr von Genie als die Talentlosen.

(1838.)

Wenn ein Talent und ein Charakter zusammenkommen, so entsteht das Genie.

(1811.)

Leute von Talent, wie man gewisse Leute zu nennen pflegt, unterscheiden sich, außer manchen andern Fällen, noch darin von großen Köpfen, daß es ihnen sehr leicht wird, etwas Angewöhntes abzulegen; z. B. ein solcher Mensch wird, wenn er im Griechischen die Reuchlinische mit der Erasmischen Aussprache vertauschen soll, es leicht thun und in acht Tagen so lesen, als ob er nie anders gelesen hätte; ein wahrer Kopf, der einmal eine Sache seinem Geiste eingeprägt hat, nimmt sehr schwer etwas Widersprechendes auf, und wenn es ihm ja die Vernunft anrät, wird ihn das Alte noch oft genug in den Nacken schlagen.

(1812-1813.)

Das Genie unterscheidet sich von dem Talente weniger durch die *Menge* neuer Gedanken, als dadurch, daß es dieselben fruchtbringend macht, und sie immer auf der rechten Stelle hat; mit einem Wort, daß bei ihm alles zum Ganzen wird, indes das Talent lauter, wenn auch schöne, Teile hervorbringt.

Menschen von Talent sind weniger Musiker, als vielmehr musikalische Instrumente; ohne fremde Hilfe bringen sie keinen Ton hervor, aber bei fremder, auch der leisesten Berührung entwickelt sich aus ihnen herrliche Melodie.

(1836.)

Sich des Geistes der Zeit bemächtigen, ist die Sache des großen Talentes; sich vom Geiste der Zeit fortziehen lassen, bezeichnet das gewöhnliche. Beides unterscheidet sich wie Handeln und Leiden.

(1819.)

Ein Weiser mag und soll höher stehen, als seine Zeit; der Dichter als solcher nicht, aber ihr Gipfel soll er sein.

2.

Zur Poesie im allgemeinen.

(1821.)

Die Poesie ist wie der Lichtnebel im Schwert des Orions. Ein ungeheures Lichtmeer läßt dort den Mittelpunkt des Sonnensystems ahnen, aber beweisen kann man nichts.

(1821.)

Was die Lebendigkeit der Natur erreicht, und doch durch die begleitenden Ideen sich über die Natur hinaus erhebt, das *und auch nur das* ist Poesie.

(1836.)

Poesie ist die Verkörperung des Geistes, die Vergeistigung des Körpers, die Empfindung des Verstandes und das Denken des Gefühls.

(1836.)

Nichts ist abgeschmackter, als von schönen Wissenschaften zu sprechen. Die Poesie ist eine bildende Kunst, wie die Malerei.

(1853.)

Die Wissenschaft und Kunst (Poesie) unterscheiden sich darin, daß die Wissenschaft die Erscheinungen auf das Wesen oder den Grund zurückführt und dadurch die Erscheinung als solche aufhebt, die Poesie dagegen läßt die Erscheinung als solche bestehen und rechtfertigt sie nur dadurch, daß sie sie auf eine tiefer liegende Grunderscheinung bezieht, die, ohne weitere Beglaubigung, durch ihr Vorkommen in allen Menschen sich als eine der Grundlagen der menschlichen Natur im *allgemeinen* ausweist. *Omni autem in re consensio omnium gentium lex naturae putanda est. (Cicero Tuscul. I. 13.)*

(1833.)

Die Enunziationen und Eindrücke des Lebens in ihrer Fülle sind der Gegenstand der Poesie. Alles, was den Menschen im Gefühl einer Realität über sich selbst, d. h. über seinen gewöhnlichen Zustand erhebt, hat ihn begeistert, und diese Begeisterung ist die Poesie. Jede Realität nimmt hieran teil. Die Vorstellung oder Darstellung einer Idee erweckt das Gefühl des Aehnlichen im Menschen, bringt ihn für länger oder kürzer seinem Ursprunge, dem Urbilde der Menschheit naher, macht ihn sich wesenhaft fühlen, und der Genuß dieser Wesenhaftigkeit ist die Poesie. Die moralische Kraft gehört auch in den Kreis der Poesie, aber nicht mehr, als jede andere Kraft, und nur insofern sie Kraft, Realität ist; als Negation, als Schranke liegt sie außer der Poesie: und gerade um die Lebensgeister von den ewigen Nergeleien dieser lästigen Hofmeisterin etwas zu erfrischen, dem inneren Menschen neue Spannkraft zu geben, flüchtet man von Zeit zu Zeit aus der Werkstube des Geistes in seinen Blumengarten.

Die Poesie ist die Aufhebung der Beschränkungen des Lebens.

Die Poesie stellt die Naturverhältnisse wieder her, welche die konventionellen Verhältnisse gestört, und sie ist daher notwendig um so unmoralischer, je verwickelter diese Verhältnisse im Gange der Civilisation werden. Das Verhältnis Achills zur Briseis, das unschuldigste zur Zeit Homers, würde revoltant im Munde eines neuern Dichters sein, eben weil die neue Civilisation das Verhältnis zwischen Mann und Weib ...

(1819.)

Religiöse Entzückungen unterscheiden sich dadurch von poetischen, daß erstere nur einer *innern* Wahrheit bedürfen (gleichviel, sei sie nun objektiv oder subjektiv), letztere aber nebst der formalen innern noch auch eine *äußere* Wahrheit brauchen, d. h. daß sie sich auf das allgemeine Menschengefühl stützen, mit dem wirklichen oder möglich geglaubten Gang der Natur zusammentreffen müssen. Worauf die Vernunft in stetigem Fortschreiten nach Prinzipien folgerecht kommt, das ist wahr, gleichviel, ob sie dafür ein entsprechendes Bild nachweisen kann oder nicht, sie ist ihre eigne Gesetzgeberin, und in der Uebereinstimmung mit sich selbst liegt der Rechtstitel und der Erweis ihrer Ansprüche. Die Phantasie als Schöpferin der Kunst hat aber keine eigene Gesetzgebung aus sich selbst; je weiter sie fortbildet, je mehr ist sie in Gefahr, sich zu verirren, und der Dichter wäre ein Wahnsinniger, wenn er sich ihr allein überließe. Der Verstand muß die Wirksamkeit der Phantasie zwar allerdings formell leiten, wie er denn der formale Leiter aller unserer inneren Vermögen ist; hinsichtlich des eigentlichen Zweckes der Kunst aber kann er uns nicht helfen, da sie nicht auf formale Möglichkeit, sondern auf ideale Wirklichkeit ausgeht und als höchstes

Prinzip ihrer Entscheidungen ein dunkles Gefühl des Schönen anzunehmen genötigt ist, das, indes es manches anerkannt Wahre als Nicht-Schön vorbeiläßt, seinen ganzen Beifall oft dem rein Erdichteten zuwendet, insofern es mit jenem dunklen Ideale zusammenstimmt.

(1836.)

Jedes Streben ist prosaisch, das einer Realität nachgeht. Kants Definition wird ewig wahr bleiben: Schön ist dasjenige, was ohne Interesse gefällt. Aller Poesie liegt die Idee einer höhern Weltordnung zum Grunde, die sich aber vom Verstande nie im ganzen auffassen, daher nie realisieren läßt, und von welcher nur dem Gefühl vergönnt ist, dem Gleichverborgenen in der Menschenbrust, je und dann einen Teil ahnend zu erfassen. Zweckmäßigkeit ohne Zweck hat es Kant ausgedrückt, tiefer schauend, als vor ihm und nach ihm irgend ein Philosoph.

Die Prosa der neueren Zeit besteht besonders darin, daß sie das Symbolische der poetischen Wahrheit nicht anerkennen wollen und nichts zulassen, was nicht eine Realität ist.

Das Symbolische der Poesie besteht darin, daß sie nicht die Wahrheit an die Spitze ihres Beginnens stellt, sondern, bildlich in allem, ein Bild der Wahrheit, eine Inkarnation derselben, die Art und Weise, wie sich das Licht des Geistes in dem halbdunkeln Medium des Gemütes färbt und bricht.

(1836-1338.)

Wissenschaft und Kunst oder, wenn man will: Poesie und Prosa, unterscheiden sich voneinander, wie eine Reise und eine Spazierfahrt. Der Zweck der Reise liegt im Ziel, der Zweck der Spazierfahrt im Weg.

Die prosaische Wahrheit ist die Wahrheit des Verstandes, des Denkens. Die poetische ist dieselbe Wahrheit, aber in dem Kleide, der Form, der Gestalt, die sie im Gemüte annimmt. Man hat die poetische Wahrheit auch die subjektive genannt. Unrichtig! denn die Grundlage ist ebenso objektiv, als die andere, denn alle Wahrheit ist objektiv. Aber die Gestalt, das Bild, die Erscheinung ist aus dem Subjekt genommen. Man würde sie am besten die symbolische Wahrheit nennen. Warum nimmt denn aber die Wahrheit Gestalt?

Weil alle Kunst auf Gestaltung, Formgebung, Bildung beruht und die nackte Wahrheit ihr Reich ohnehin in der – Prosa hat.

(1849.)

Die Gewalt des bildlichen, also uneigentlichen Ausdrucks in der Poesie kommt daher, daß wir bei dem eigentlichen Ausdruck schon längst gewohnt sind, nichts mehr zu denken oder vorzustellen. Das Bild und, weiter fortgesetzt, das Gleichnis nötigt uns aber aus dieser stumpfen Gewohnheit heraus, und die unentsprechende Bezeichnung wirkt stärker als die völlig gemäße.

(1835.)

Dieses matte Schaukeln zwischen Himmel und Erde, Prosa und Poesie, das die neuere Lyrik charakterisiert, macht mir Uebelkeit; will ich einmal den Boden verlassen, so gescheh' es im Luftball steilrecht in die Wolken hinauf.

Vortreffliche Bausteine, diese Legion wahrgefühlter deutscher Gedichte, aber ich sehe kein Gebäude.

Andere Nationen suchen in der Kunst Befriedigung, die Deutschen Anregung, Aufregung vielmehr, ein unbestimmtes, endloses Vibrieren gehört unter ihre Genüsse.

(1835.)

Männer suchen in der Kunst Befriedigung, Knaben Anregung. Die Deutschen gehören in die letztere Klasse.

(1837.)

Es handelt sich nicht darum, was die Poesie in ihren ersten Anfängen war: gegenwärtig ist sie da, um in erhabener Einseitigkeit jene Eigenschaften herauszuheben und lebendig zu erhalten, die das menschliche Beisammenleben, die Unterordnung des einzelnen unter eine Gesamtheit, notwendig und nützlich beschränkt und zurückdrängt; die aber eben darum – köstliche Besitztümer der menschlichen Natur und Erhaltungsmittel jeder Energie – ganz verlöschen würden, wenn ihnen nicht von Zeit zu Zeit ein, wenn auch nur imaginärer Spielraum gegeben würde.

(1847.)

Es geht der Poesie gerade so, oder vielmehr umgekehrt, wie der Philosophie. Letztere ist bei ihrem Entstehen mit der Religion vereinigt und umfaßt das gesamte Schauen, Ahnen und Denken des Volkes, bis sie sich endlich von ihr scheidet und sich auf das durch den Verstand Erweisbare beschränkt. Ebenso ist die Poesie anfangs das Organ für den Gesamtinhalt des menschlichen Geistes. Später, nach Erfindung der Prosa, überläßt sie dieser das Lehrhafte und behält für sich die Darstellung, die Empfindung, statt der Einsicht die Aussicht.

(1841.)

Die Gegenwart ist nie poetisch, weil sie dem Bedürfnis dient: das Bedürfnis aber ist die Prosa.

(1841.)

Es ließe sich sehr gut durchführen, daß der Poesie die natürliche Ansicht der Dinge zu Grund liege, der Prosa aber die gesellschaftliche. Die Poesie würdigt Personen und Zustände nach ihrer Uebereinstimmung mit sich selbst, oder der ihnen zu Grunde liegenden Idee; die Prosa nach ihrem Zusammenhang mit dem Ganzen. Sie sind daher wesentlich voneinander getrennt, zwei abgesonderte Welten; und wer poetische Ideen in die wirkliche Welt einführt, steht in Gefahr, mit prosaischen die Poesie zu verfälschen.

(1836.)

Die Prosa der neueren Zeit besteht besonders darin, daß sie das Symbolische der poetischen Wahrheit nicht anerkennen wollen und nichts zulassen, was nicht eine Realität ist.

(1857-1858.)

Wenn man von einem goldenen Zeitalter der Litteratur spricht, so meint man gewöhnlich den Gipfelpunkt, den die Redekünste, namentlich die Poesie eines Landes erreicht haben. Und mit Recht. Einesteils ist die Poesie der Ausdruck und die Zusammenfassung der litterarischen und menschlichen Bildung einer Nation; ihr Einfluß ist der durchgreifendste und weitgreifendste, und solange es keine Wissenschaften im strengsten Verstande gibt, wird die Poesie immer an der Spitze der geistigen Bestrebungen stehen, da sie das ist oder wenigstens sein kann, was sie sein soll, ein Ziel, das den Wissenschaften entweder für immer, oder doch für jetzt streng versagt ist. Wenn die letzteren einmal demonstrativ werden sollten, wenn sie je die erstletzten Gründe ihrer Folgerungen angeben könnten, würde die Poesie zu einem angenehmen Spielzeug herabsinken, für jetzt aber hat sie den Vorzug, wie die Natur sagen zu können: Das ist, und wenn das Gemüt die Wahrheit empfunden hat, ist von einem Erweis oder Zweifel weiter nicht die Rede.

Man hat lange darüber gestritten, ob die Nachahmung der Natur der Zweck der Kunst überhaupt sei, und die Vernünftigen sind darüber einig, daß diese Naturnachahmung, wenn auch nicht der Zweck, doch gewiß das Mittel der Kunstdarstellung sei. Ja, man könnte sogar sagen, ohne darum ein Anhänger der prosaischen Kunstschule zu sein, daß der Künstler, der sich darauf beschränkt, die Natur vortrefflich nachzuahmen, dabei alle Empfindungen und Gedanken mit in den Kauf bekomme, die dem Beschauer bei der Betrachtung des Originals der Nachahmung in der Wirklichkeit unmittelbar in der Seele entstehen, indes der Künstler, der von Ideen und Empfindungen ausgeht, nichts weniger als sicher ist, jene Gestaltung zu finden, die seine Intentionen aus dem Reich der Möglichkeit zur Anschauung und Wirklichkeit bringt. Die eigentliche Naturnachahmung aber, und die mit dem Abklatschen des Wirklichen nichts zu thun hat, besteht darin, daß den Beschauer des Kunstwerkes, das sich möglicherweise weit von dem gewöhnlich Vorkommenden entfernt, dasselbe Gefühl des Bestehens anwandelt, wie bei Betrachtung der Natur. Das oben erwähnte: Es ist, hat das echte Kunstwerk mit der Natur gemein. Es schließt ab, weil die Gestalt in ihren Grenzen bestimmt ist, und es befriedigt, weil der ewig bewegte Gedanke froh ist, endlich auch einmal zur Ruhe zu kommen.

(1838.)

Das, was aller Poesie zu Grunde liegt, womit sie anfängt, ist etwas, was dem geistigen Wissen gar nicht zur Ehre gereicht. Sie fängt nämlich an mit dem Bilde, dem Gleichnis. Worin liegt es denn nun, daß das poetische Bild, der Tropus, das Gleichnis, einen Eindruck macht, den die zu Grunde liegende Wahrheit ewig nimmer machen würde? – Darin – worüber sich eben die Metaphysik die Haare ausraufen sollte – daß ein wirklich existierendes Staubkörnchen mehr Ueberzeugung mit sich führt, als all die erhabenen

Ideen, die unserer geistigen Bildung zu Grunde liegen sollen, oder wirklich liegen.

Die ganze Poesie ist nur ein Gleichnis, eine Figur, ein Tropus des Unendlichen.

Der Geist der Poesie ist zusammengesetzt aus dem Tiefsinn des Philosophen und der Freude des Kindes an bunten Bildern.

(1822.)

Poesie und Prosa sind voneinander unterschieden wie Essen und Trinken. Man muß vom Wein nicht fordern, daß er auch den Hunger stillen soll, und wer, um das zu erreichen, ekelhaft Brot in seinen Wein brockt, mag das Schweinefutter selbst ausfressen.

(1830.)

Was der Mensch forscht und weiß, ist die Wissenschaft; was der Mensch fühlt und wünscht, ist die Poesie.

(1839)

Ihr habt die Poesie zu etwas Menschlichem gemacht, sie ist aber ein Göttliches: sie ist nicht die Prosa mit einer Steigerung, sondern das Gegenteil der Prosa.

Die Prosa ist des Menschen Speise, die Poesie sein Trank, der nicht nährt, sondern erquickt. Man kann aber auch, wie die neuesten Deutschen, Bier trinken, in dem Nahrungsstoffe zur Gärung gebracht sind, wovon man fett wird und noch dazu einen schweren Dusel in den Kopf bekommt.

(1834)

Es besteht nämlich die Poesie aus zwei Teilen: Poesie der Auffassung und Poesie der Darstellung; der Roman ist deshalb auch nur höchstens halbe Poesie.

(1836)

Das ist das prosaische Element der neuesten deutschen Poesie: sie *bespricht* die Gegenstände, statt sie *darzustellen*.

(1841)

Was die Poesie ausmacht, ist denn doch die Lebendigkeit der Darstellung, der Schwung der Gedanken und der Rhythmus der Sprache.

(1858)

Was Schiller die naive und sentimentale, Schlegel die antike und romantische Poesie genannt hat, wo aber allen diesen Bezeichnungen teils falsche, teils unbestimmte Nebenbestimmungen anhängen, möchte ich die Anschauungs- und Empfindungspoesie nennen.

(1822)

Nicht die Ideen machen den eigentlichen Reiz der Poesie aus; der Philosoph hat deren vielleicht höhere: aber daß die kalte *Denkbarkeit* dieser Ideen in der Poesie eine *Wirklichkeit* erhält, das setzt uns ins Entzücken, Die *Körperlichkeit* der Poesie macht sie zu dem, was sie ist, und wer sie, wie die Neuern, zu sehr vergeistigt, hebt sie auf. – Hierher gehört der Reiz des Bildes, der Metapher, der Vergleichung, und warum z, B. eine Fabel mehr überzeugt, als der ihr zu Grunde liegende moralische Satz.

(1843)

Jede poetische Figur enthält eine contradictio in adjecto zum deutlichen Beweis, daß die Logik nicht die Richterin der Kunst ist.

(1819)

Als allernotwendigstes Streben hat mir immer geschienen, so wie bei dem gewöhnlichen Menschen *Erweiterung,* so bei dem ungewöhnlichen *Begrenzung;* nur so kann in des letztern Wirksamkeit *Gestalt* kommen und vermieden werden jenes so häufig vorkommende und so zerstörende Verstäuben ins Unermeßliche. Was ich erreichen möchte, wäre: Reines Auffassen in der Idee aller menschlichen und natürlichen Zustände, mit besonnener Resignation über das Weitere, das nur, mit Freiheit aufgefaßt, verschönernd in das erstere hereinstrahlen dürfte.

Die *unharmonischen* Accorde der Poesie, aus denen man in die entferntesten Leidenschaften ausweichen kann, im Gegensatz der *charakteristischen,* die nur in die Tonart führen, zu der sie gehören.

(1836)

Que les collections d'idées, aux-quelles nous donnons le nom de *sentiment*. Balzac, le livre mystique T. I, p. 178. Dabei hat der Hanswurst doch etwas gedacht und vielleicht etwas sehr Richtiges.

Denn die vollendete Form ist es, wodurch die Poesie ins Leben tritt, ins *äußere* Leben. Die Wahrheit der Empfindung gibt nur das innere; es ist aber Aufgabe aller Kunst, ein *Inneres* durch ein *Aeußeres* darzustellen.

(1837.)

Den Gedanken festzuhalten auch in einem größern poetischen Werke, ist nicht schwer, wenn man die Teile über der Idee des Ganzen vernachlässigen will. Aber mannigfaltig und lebendig bis ins kleinste sein, und dabei doch nie den Grundgedanken aus den Augen zu verlieren, das ist die Schwierigkeit.

(1837.)

Eigentlich absurde, aber durch ihr immerwährendes Vorkommen als in der innersten Natur des Menschen begründet anzusehende Vorstellungen, daher für die Philosophie verwerflich, für die Poesie aber von hohem Werte: Strafe der Unthat bis ins späteste Geschlecht. Wirkung von Elternfluch und Segen. Vorbedeutende Träume. Das Schicksal, mit Vorauswissen und Vorausbestimmen gedacht. Die Gottheit leidenschaftlich. Eine von den natürlichen Folgen der That verschiedene Nemesis. Wahrsagung. Gespensterglauben. Spezielle Erhörung des Gebetes. Glück und Unglück, objektiv gedacht.

(1834.)

Wenn man von der neuen Zeit und der Notwendigkeit einer neuen Richtung der Poesie spricht, so fallen mir die Griechen ein, die in der Zeit ihrer wütendsten Demagogie noch immer in ihrem monarchischen Homer das höchste Ideal der Poesie verehrten und sich poetisch von ihm ganz befriedigt fanden. Ja, als alle Dynastengeschlechter gestürzt waren und sie die Freiheit bei Salamis und Marathon mit ihrem Blute erkauft, wußte sich die neu entstandene dramatische Poesie keinen gemäßeren Gegenstand, als die Schicksale und Großthaten jener Könige und Machthaber. Den Bedürfnissen der Gegenwart klebt immer etwas Prosaisches an, nur die Erinnerung ist poetisch.

(1840)

Die komische Poesie strebt dem Ideal ebenso nach, wie die ernsthafte. Nur spricht letztere das Ideal aus, indes erstere dasjenige angreift und verspottet, was dem Ideal entgegensteht.

(1838)

Die Poesie der Deutschen hat alle die Fehler, die daraus hervorgehen, daß sie gegen den natürlichen Entwicklungsgang erst nach der Wissenschaft entstanden ist. Lauter Sinn, lauter Sinn! indes die Poesie der Prosa gegenüber doch eine Art Unsinn sein sollte.

(1836)

Warum die Alten besser sind und, bei gleichen Gaben, besser sein müssen, als die Neueren? Weil ihnen das große Feld des Einfachen und Natürlichen auszubeuten frei stand und sie, um neu zu sein (was jeder Schriftsteller will), nicht gekünstelt zu sein brauchten.

(1838)

Man konnte die klassische und romantische Poesie auch als die männliche und weibliche (weibische?) bezeichnen.

(1838)

Die Streitfrage über den Vorzug des Klassischen und Romantischen kommt mir vor, wie wenn ein Hauswirt an der Mittagstafel seine Gäste fragte: ob sie lieber essen oder trinken wollten? Ein Vernünftiger wird antworten: Beides.

(1833)

Das Unterscheidende des Romantischen gegenüber dem Klassischen ist, daß ersteres bloß die Gemütswirkung bezweckt, gleichviel, auf welche Art sie bewirkt wird; das Interessante, das Geistreiche, das Bedeutende, ja das Häßliche, alles ist ihr willkommen, wenn nur die beabsichtigte Aufregung dadurch hervorgebracht wird. Die alte Kunst aber ging bloß auf das Schöne, d.h. auf jene Gemütserhebung, die einzig und allein aus dem sinnlich vollkommenen Eindruck entspringt.

(1835)

Es ist das Grundübel der Poesie (der lyrischen besonders) aller neueren (neuesten) Nationen, daß sie sich zur Prosa hinneigt. Nicht dadurch, daß sie trivial wird (das geschah eher in früheren Zeiten), sondern gerade, wenn sie sich erhebt. Ihre höchste Erhebung ist nämlich bis zum Gedanken, indes nichts poetisch ist als die Empfindung.

(1835)

Diese neuere Lyrik ist kein Fluß, in dem man schwimmen kann; sie ist ein Weiher, in dem sich zwar auch Sonne und Sterne spiegeln, der aber durchrankt von Wasserpflanzen ist, gestockt von Gedankenstämmen, besandet mit Niederschlag aller Art, so daß es ohne Waten nicht abgeht. Man kann darin allerdings noch baden, aber schwimmen nicht. Und es schwimmt sich so erquicklich in Gottes freier Luft ohne Arg und besonders Nachdenken!

(1836)

Die älteren lyrischen Dichter der Deutschen unterscheiden sich von den neueren besonders darin: jenen war das lyrische Ganze das Höchste, Um die Kontinuität des schwellenden Zuges nicht zu unterbrechen, nahmen sie es mitunter mit dem Gedankenreichtum nicht zu genau. Der Gedanke mußte sich dem Ausdruck fügen. Die Neuern setzen sich den Gedanken vor und suchen dann die Einkleidung. Ausdruck und Gedanken sollen aber zugleich geboren werden; wenigstens darf keines vorherrschen.

(1839)

Unterschied von Roman und Novelle: Die Novelle ist das erste Herabneigen der Poesie zur Prosa; der Roman das Hinaufsteigen der Prosa zur Poesie. Jede gute Novelle kann man in Verse bringen, sie ist eigentlich ein unausgeführtes poetisches Sujet; ein versifizierter Roman wäre ein Unding. Daher im Roman die Begebenheiten vielfach vermittelt, in der Novelle positiv auftretend, so daß in ersterm die Ursachen vorherrschen, in zweiter die Wirkungen. Der Roman psychologisch, die Novelle psychopathisch; der Roman, wie schon Goethe bemerkt hat, retardierend, die Novelle fortschreitend.

(1836)

Warum man in der Poesie die Gattungen nicht mischen soll? Weil jede ihren eigenen Standpunkt der Anschauung, einen anderen Grad der Verkörperung mit sich führt und erfordert, welche, gemischt, sich stören und aufheben: Lyrik, Epos, Drama, Aussicht, Umsicht, Ansicht.

(1835-1836)

Das Heer der deutschen Poesie hat schwere und leichte Reiterei, wie jede Kriegsmacht. Die schwere ist Mann und Roß dichtgepanzert, unangreifbar und undurchdringlich. Das Rüstzeug besteht zwar nur aus vielfältig verdoppeltem Papier und Pappdeckel; aber man weiß, daß ein Buch, Druckpapier oder Makulatur, selbst einer Flintenkugel widersteht. Leider hindert sie das Gewicht des Apparats, weiter zu kommen. Selbst unangreifbar, sind sie auch nicht im stande, zu ergreifen, zu bewegen, zu erobern, zu gewinnen. Unbeweglich stehen sie und schwingen den Flamberg ins Blaue. Was freiwillig in ihre Nähe kommt, wird ihre sichere Beute.

Die leichte Reiterei ist ebenso leicht, als die andere schwer ist. Ihre Armatur klafft von allen Seiten. Unfähig, den Wind zu durchschneiden, werden sie vielmehr vom Windzuge vor sich hergetrieben. Sie besiegen alles, was im jeweiligen Strich der Windrose von ihnen überritten wird.

Der größte Teil der Dichter aber gehört zum Fußvolk. Sie sind zwar wie die Reiter und noch dazu meistens schwer gerüstet, haben aber keine Pferde. Sie begnügen sich daher, mit den Füßen zu treppeln, und dazu in die hohle Faust Schnetterdeng, Schnetterdeng zu blasen. Die gefeiertsten Dichternamen der neuern Zeit gehören zu dieser Abteilung. In ihrer Fahne führen sie eine Rose mit einem ganz kleinen p davor.

(Um 1836.)

Weh dem Dichter, der sich seinen Stoff und die Behandlung desselben vom Publikum diktieren läßt. Aber weh auch dem, der vergißt, daß seine Aufgabe ist, sein Werk der allgemeinen Menschennatur verständlich und empfindbar zu machen. Von dieser allgemeinen Menschennatur kennen wir aber keinen unzweideutigeren Ausdruck, als die Stimme der allgemeinen Menschheit.

(1819.)

Wenn man in den Fall käme, einem recht prosaischen Menschen, besonders einem Monarchen vom gewöhnlichen Schlag, die *Nutzbarkeit* der Poesie beweisen zu sollen, so wüßte ich es von keiner

Seite besser zu thun, als von der, daß sie Bewahrerin des *Reiches der Idee* ist. Daß aber Ideen von Vaterlandsliebe, Selbstaufopferung u. s. w. in besonderen Lagen des Staates von einigem Nutzen seien, ließe sich wohl noch darthun, selbst dem trockensten begreiflich darthun. Wollte aber der Mann dann nur jene Poesie gelten lassen, die sich mit der Aufregung solcher nützlicher Ideen beschäftigt, so müßte man ihm vorstellen, daß das Vermögen, sich auf die Höhe der Idee zu setzen, geübt und in allen Dingen zur Fertigkeit gebracht werden müsse, wenn man im Notfalle hervorrufen wolle, was man eben braucht. Da konnte nun der Calderonische Satz *los esfuerços humanos llamando uno, vienen todos* ausgeführt werden.

(1822)

Mit der Poesie ist es wie mit den Religionen. Wenn beide einmal ihre Aechtheit durch Wunder bewährt haben, muß man über die einzelnen Satze keine Beweise mehr fordern, sondern an sie glauben.

(1841)

Was nützt der Glaube ohne Werke. Im Kunstsinn genommen.

3. Zur Dramaturgie

Über den gegenwärtigen Zustand der dramatischen Kunst in Deutschland

I.

(1834)

Es gab vielleicht keine Zeit, wo das deutsche Volk mit seiner Litteratur im allgemeinen so zufrieden war, als eben jetzt. Es fehlt zwar nicht an einzelnen Anschuldigungen und Klagen mancher Art. Das ist aber eitel Koketterie. Die Stimmung im großen zeigt das Gegenteil. Da ist keine Spur mehr von der ängstlichen Bescheidenheit, die sonst den Deutschen gegenüber dem Auslande charakterisierte; Anmaßung und wegwerfendes Absprechen haben deren Stelle eingenommen. Deutsches Gemüt, deutscher Fleiß, deutscher Tiefsinn, deutsche Phantasie klingt's von allen Seiten, ja das Ausland scheint in die Ansicht einzugehen (oder vielmehr sie ging von ihm aus), und des Preisens unserer Art und Kunst ist kein Ende, so weit der Erdboden reicht.

Nur eins – die Füße des Pfaus! – scheint uns zur Bescheidenheit aufzufordern: der eingestandene Zustand unsers Theaters, unserer dramatischen Litteratur. Das Theater selbst, die Bühne, scheint nur gelegentlich in die allgemeine Verwerfung mit einbezogen zu werden, denn, wenn wir auch wirklich weniger *große* Schauspieler haben sollten, als in früheren Zeiten, so zählen wir doch mehr gute als jemals. Das Uebel muß also tiefer sitzen. In der dramatischen Litteratur also. – Da liegt der Knoten!

Indes die Engländer in ihrem Shakespeare eine komplette Theaterbibliothek für Jahrhunderte besitzen, die Spanier nur das Grabscheit anzusetzen brauchen, um aus ihrer Vergangenheit Schätze für alle Zukunft zu erheben; die Franzosen frischweg zwei litterarische Jahrhunderte – so lange ihr Stolz – wegwerfen und mit dem Neubegonnenen für das Bedürfnis der Gegenwart genügend und voll ausreichen, hat das deutsche Theater kaum ein Dutzend Stücke aus seiner Vorzeit gerettet, die den Kenner befriedigen; ein bißchen Mittelgut wird zur Not geduldet; das Neue ist durchweg schlecht. Weh sei darob geklagt, besonders wenn man selbst Schriftsteller und ein Neuerer ist.

Es wäre nicht uninteressant, den Ursachen dieses Uebelstandes nachzuforschen, vielleicht daß bedeutende *praktische* Ergebnisse dabei zu gewinnen wären. Versuchen wir's denn! Ich kann nicht hoffen, den Gegenstand zu erschöpfen, der ein eigenes Buch erforderte; aber meine Andeutungen werden wenigstens den Vorzug haben, von einem die Kunst *Ausübenden* herzurühren, indes sich bis jetzt nur Schulgelehrte, Skizzisten und Dilettanten damit befaßten, die ihre Meinungen ohne inneres Erleben, auf nichts zu gründen wissen, als auf links und rechts zusammengelesene Beispielfälle, wo dann das Urteil nicht weiter reicht als der Fall selbst.

Aufs *Praktische* gehende, durch eigene Erfahrung bestätigte Ansichten hier niederzulegen, wäre die Aufgabe. Und sollte man's handwerksmäßig finden! Liegt doch jeder Kunst ein Handwerk zu Grunde, und wer beide nicht zu vereinigen weiß, ist ein Stümper, nur, je nachdem das eine oder andere vorschlägt, mit einem Uebergewicht von Gemeinheit oder Abgeschmacktheit. An hohen Ansichten hat es den Deutschen nie gefehlt, aber ihre Grundlagen schweben nicht selten in der Luft, und ob sie da für unsern Vorwurf am rechten Platze seien, soll im folgenden untersucht werden.

Von allen poetischen Formen die strengste ist die dramatische. Alle andern gehen *formell* von einer Wahrheit aus, die dramatische von einer Lüge, und ihre Aufgabe ist, diese Lüge aufrecht zu erhalten, ja sie in letzter Ausbildung zu einer Wahrheit zu machen. Die Lyrik spricht ein Gefühl aus; das Epos erzählt ein Geschehenes (für die Form gleichviel, ob wahr oder erdichtet); das Drama lügt eine Gegenwart.

Man hat sich in neuerer Zeit sehr lustig gemacht über die *Täuschung*, welche man in früherer einem Schauspiele zum Erfordernis machte, und gewiß, eine unabweisliche, zwingende Täuschung würde alle Kunst von vornherein aufheben, eine einschneidendere Wirklichkeit an deren Stelle setzen und namentlich die Tragödie zu einem Schauspiel für Schlächter und Kannibalen machen. Es gibt aber noch eine andere, willkürlich selbst übernommene Täuschung, eine Supposition, in die der Zuschauer eingeht, auf die stillschweigende Bedingung, sie wegzuwerfen, wenn ihre Wirkungen lästig, wenn sie quälend würden. Die Aufgabe der dramatischen Kunst, als Form, besteht nun darin, daß diese Supposition einer *Gegenwart* (ja nicht mit *Wirklichkeit* zu verwechseln) aufrecht erhalten, ihre Bewahrung dem Zuschauer erleichtert und nicht gestattet werde, daß er sie aus Langeweile oder Zerstreuung fallen lasse, oder wohl gar im Widerwillen wegwerfe.

Wer diese Sätze leugnen wollte, müßte erst verhindern, daß als gegenwärtig dargestellte Personen nicht auch wie gegenwärtige wirken; er müßte ungeschehen machen, daß die dramatischen Meisterwerke aller Zeiten, gut gespielt oder gelesen, jenen tiefen Eindruck machen, den nur die Gegenwart gewährt; er müßte endlich erklären, warum man überhaupt die in jeder andern Rücksicht unbequeme dramatische Form wählt, wenn es dabei bloß auf kühle Möglichkeiten und behagliche »Es war einmal« abgesehen ist.

Dies vorausgeschickt, fragt es sich: Durch welche Mittel kann nun bewirkt werden, daß eine niemals dagewesene oder längst vergangene Begebenheit als eine, wenn auch nur vorausgesetzte Gegenwart wirke? Die bloßen Gegenreden der Personen mit: tritt auf, und: geht ab, reichen dazu nicht hin, wie die Erfahrung zur Genüge lehrt. Was ist es also sonst?

Die Wirklichkeit *zwingt*. Die Häuser in meiner Straße abzuleugnen, fällt mir nicht ein, und wenn ich morgen einen Stein vom Himmel fallen sehe, muß ich mir's gefallen lassen, ich mag es begreifen oder nicht. Wenn mir aber jemand erzählt, er habe ein Schiff in der Luft fahren gesehen, so werde ich es erst dann glauben, wenn ich es, durch Ursache und Wirkung vermittelt, in den Kreis meiner Ueberzeugungen aufnehmen kann. Kausalität zwingt den Geist, wie das Wirkliche die Sinne; und was als Gegenwart gelten will, muß vor allem als Ursache und Wirkung streng verknüpft sich erweisen. Daher verweigert auch das Drama dem Zufall sein Spiel, und die eifrigsten Verfechter der Willensfreiheit, die täglich von jedermann die tugendhaftesten Handlungen wie aus der Kanone verlangen, sind höchst erzürnt, wenn derlei unmotiviert auf dem Theater vorkommt. Der Charakter sei nicht gehalten, sagen sie.

Scharf und bestimmt sind die äußern Gestalten der Wirklichkeit. Mit nebelhaften Abschaltungen wird niemand eine Gegenwart anschaulich machen.

Ebenso incisiv sind ihre innern Aufkündungen. Glücklicherweise *verlangt* die Kunst eine Milderung mancher Gefühle des wirklichen

Lebens, wer würde sonst auslangen? Und auch das, was übrig bleibt, wer erreicht's?

Endlich fügt sich das Wirkliche in seiner Bestimmtheit allerdings der Anwendung des Begriffs, ist ihm aber nirgends adäquat. Eine Menge Zufälligkeiten begleiten es und machen das Lebendige desselben aus, unterscheiden das wirkliche Ding von dem Gedankending.

Alles dies zugegeben, wird man von dem dramatischen Dichter, alle andern poetischen Qualitäten eingerechnet, noch in besonders hervorstechendem Grade folgende Eigenschaften fordern:

Scharfen, sichtenden *Verstand* zur Motivierung und Begründung.

Bildliche *Phantasie*: sie erfindet und stellt dar.

Warmes, richtiges *Gefühl*.

Endlich *Empfindung*, im Verstände der Maler genommen, wo es den Sinn für die Abstufungen und das Verfließende in den Zufälligkeiten der Naturtypen bedeutet.

Man könnte hier stehen bleiben und im Entgegenhalt der deutschen Naturanlage zu ermitteln suchen, welche von diesen Eigenschaften den Nationalvorzügen entsprechen und welche, im mindern Maße vorhanden, dem Gelingen dramatischer Komposition schon von vornherein störend im Wege stehen.

Es würde sich vielleicht zeigen, daß der deutsche Verstand seine Stärke mehr im Vorarbeiten für die Zwecke der Vernunft zeige, als in rein analytischer Brauchbarkeit für die Aufgaben des Wirklichen, daß die Abweisung des gemeinen Menschenverstandes von Seite der deutschen Philosophie ihre Wirkungen mitunter weiter erstrecke, als auf jene abstrakten Höhenpunkte, für die sie eigentlich gemeint war, und unbefangener, gesunder Sinn, unbeschadet aller anderen Vorzüge unter deutschen Litteratoren vielleicht seltener gefunden werde, als irgend anderswo.

Die deutsche Phantasie könnte man beschuldigen, gar zu gern ins Weite zu gehen und dadurch unbildlich zu werden. Je höher diese Kraft sich versteigt, um so nebelhafter werden ihre Gebilde, bis sie endlich zu bloßen Schematen entschwinden, die den Gedanken wohl unterstützend begleiten, aber nicht mehr versinnlichen, nicht *darstellen.* Der Wert der Phantasie für die Kunst liegt in ihrer *Begrenzung*, welche die *Gestalt* ist. Die deutsche Phantasie liebt, ihre Bilder nach einwärts, auf den Hintergrund des Gefühls zu werfen, was in der lyrischen Poesie oft hinreicht: die epische, besonders aber die dramatische Poesie fordert bestimmte Gestalten nach *auswärts*, die selbständig für sich dastehen und keiner Nachhilfe von Seite des Gemütes bedürfen.

Das deutsche Gefühl sei in Ehren gehalten. Was sich dagegen, außer einer gewissen Vorliebe für die Halbtinten, sagen läßt, wird am besten in Verbindung mit dem folgenden Absätze ausgesprochen.

Dieser begreift die *Empfindung* in dem oben angedeuteten Sinne. Hier liegt vielleicht die poetische Hauptschwäche der Deutschen, was um so trauriger ist, da das Geheimnis der *Komposition* damit allernächst zusammenhängt. Gewohnt, von scharf bestimmten Begriffen auszugehen, verlieren sie nur zu leicht den Takt für die Zufälligkeiten des Lebendigen. Da nun zugleich ihr Gefühl warm und wahr ist, an welchen Eigenschaften sie sich zu versündigen glaubten, wenn sie davon im einzelnen auch nur ein Jota abgehen ließen, so werden nur zu häufig die verschiedenen Figuren, ihre Erlebnisse, Gesinnungen, Gefühle und deren Aeußerungen so haarscharf und ungeschwächt aneinandergefügt, daß man dabei an die Kartenmalerei und, wenn's gut geht, an die unbehilflichen Uranfänge der bildenden Kunst erinnert wird, die noch keine Ahnung davon hat, daß die schönsten Einzelheiten zusammen ein schlechtes Bild machen können. Da ist nichts refüsiert, das eben Emportauchende macht seine Wirkung geltend, ohne auf den Eindruck eines Vorher oder Nachher Rücksicht zu nehmen: Licht sammelnde und sparende Gegensätze werden als Effektmacherei verworfen, an Ruhepunkte zur Erleichterung der Auffassung ist nicht zu denken, und so rollt denn die ganze Komposition (!) als ein unentwirrbares Chaos belästigender Schönheiten um ihre eigene Achse, und der Leser (denn bis zum Zuseher gelangt derlei selten) weiß sich nicht anders Rat, als den Knäuel hinzulegen, um sich zu besinnen und Kraft zu sammeln, wo ihm denn keine Ahnung beikommt, daß, wenn er sich nun orientiert hat und fortfährt, er kein Drama mehr mitlebt, sondern ein Buch liest.

Die Deutschen können nicht komponieren. Was in Frankreich der letzte Skribler (bei allen Mängeln des Inhaltes) kann, ist in Deutschland höchstens die Gabe weniger.

So war es aber nicht immer. Unsere großen Dichter verstanden zu komponieren, und es gab eine Zeit, wo es auch die mittelmäßigen konnten. Was hat also in neuerer Zeit die Deutschen für die Anforderungen der dramatischen Kunst weniger tauglich gemacht?

Das sei der Inhalt des zweiten Teils meiner Predigt.

II.[2]

(1835.)

1.

Als ich von dem Herausgeber dieser Blätter aufgefordert wurde, sein Unternehmen mit einem Beitrage zu unterstützen, überwog im ersten Augenblicke das Gefühl der Freundschaft meinen Widerwillen gegen das leidige Kunstgeplauder. Ich sage: Geplauder, weil in Dingen, wo es sich um ein *Können* handelt, alles Reden mehr oder weniger ein Geplauder ist. Wer den Hammer einmal heben kann, wird durch Uebung ihn schon brauchen lernen, für wen er aber zu schwer ist, der mag ihn ruhig liegen lassen, ohne ihn viel zu umschreiben oder zu besprechen. Auch hieße es Wasser in die Donau oder vielmehr in die Elbe, den Neckar, die Spree, u.s.w. tragen, wenn man in unserer Almanach- und Journal-Anleitungs- und Erklärungszeit, wo jedermann statt zu *sehen*, von der Farbe spricht (als Blinder nämlich), wenn man in dieser eigentlich doktrinären Zeit mit Beiträgen die Masse der Surrogate des Unvermögens noch vermehren wollte.

Aber so sehr mich nun das gegebene Wort reuen mag, wie lang ich die Erfüllung hinausschob, das Versprechen geschah, der zweite Teil der Predigt fehlt, und der Herausgeber ist ein gewaltthätiger Mann.

2.

(Der in der ersten Nummer dieser Zeitschrift begonnene und allerdings über die Gebühr verspätete Aufsatz unter obigem Titel

---

[2] Wurde 1835 nicht gedruckt, sondern erst aus dem Nachlasse veröffentlicht.

gedieh bis auf die Frage:) *was für Erscheinungen haben in Deutschland während der neueren und neuesten Zeit Platz gegriffen, um das Gelingen dramatischer Kompositionen noch mehr zu erschweren, als dies bereits früher der Fall war?*

Die hierher gehörigen Erscheinungen lassen sich, so mannigfach sie sind, vielleicht auf folgende beiden Hauptpunkte bringen:

Mißbrauch der Gelehrsamkeit und Mißachtung der Rechte des Publikums.

Die Gelehrsamkeit, oder, wenn man will, Belesenheit, so schätzbar sie an sich und so forderlich sie für alle Seiten des menschlichen Erkennens, ja Vollbringens ist, hat doch auch mitunter hemmende Einflüsse, und diese äußerten sich in Bezug auf unsern Gegenstand:

1. In Gestalt der *Ideologie*.

Die deutsche Philosophie hatte kaum durch Kant ihre große Umwälzung vollbracht und in ihren ersten Ausbildungsformen Bestand und Platz gewonnen, als sie auch, ziemlich revolutionär, anfing, ihre Usurpationen über benachbartes und weltfremdes Gebiet auszudehnen. – Wobei jedoch vor allem Kant selbst ausgenommen werden muß. Nie hat ein Philosoph aneignender über die Vorfragen der Kunst gesprochen, als er, und wenn, was er sagte, nicht künstlerisch förderlich war, so liegt die Ursache nur darin, daß aus dem Standpunkte der Philosophie die Kunst überhaupt nicht zu fördern ist. – Damals also, wo man Prinzipien für alles auffand, ging, wie natürlich, die Kunst auch nicht leer aus. Das Schöne war apriorisch erwiesen, die Kunstformen desgleichen, so daß, wenn sie zufällig verloren gegangen wären, man sie augenblicklich aus freier Faust wieder hätte erfinden können. Große Schubfächer wurden gezimmert für die Hervorbringungen aller Zeiten: da mußten sie unterkriechen, und was für das eine Schubfach als Grundwahrheit galt, war für das andere grundfalsch, als ob der Unterschied zwischen Mensch und Mensch in allen Lagen und Zeiten, weiß Gott, wie groß wäre. Dem gesamten Altertum ward als Marionettendraht die Schicksalsidee beigegeben, und Atriden und Labdakiden mußten sich abmartern, bloß um den breitgetretenen Heischesatz: daß niemand seiner Bestimmung entgehen könne, beispielsweise einzuschärfen. Der Chor war der idealisierte Zuseher, auch da, wo er Mitspielender, auch da, wo er Hauptperson, auch da, wo er einseitiger befangen ist, als der Zuseher selbst. Was nun, obschon man es mit der Konsequenz nicht sehr genau nahm – durchaus der Anwendung widerstrebte, ward als unwürdig und schlecht ausgeschieden; wie denn Euripides, einem schlechtbestandenen Schüler gleich, bis auf diesen Tag mit dem schwarzen Täfelchen herumgeht.

Mit dem Schubfach für die neuere Zeit ging das nicht so leicht an. Daß namentlich das Tragische im Kampfe der Freiheit mit der Notwendigkeit liege, darüber war man bald einig; nur darüber nicht, ob der Freiheit oder ihrer Gegnerin der Sieg bleiben solle. Ein kleiner Unterschied, wie man sieht. Statt eines allgemeinen Prinzips ward daher jeder einzelnen Hervorbringung ein besonderes zugewiesen, eine Schulidee, deren Versinnlichung die Aufgabe des Kunstwerkes sein sollte; ein Satz, und zwar kein moralischer – worauf hingearbeitet zu haben, man den Vorgängern sehr übel nahm, sondern wo möglich ein theoretisch-dogmatischer, was weniger veraltet, dafür aber bedeutend lächerlicher war. Fand das schon unter der Herrschaft der kritischen Philosophie statt, so ward der Drang noch heftiger, nachdem durch Beimischung von Gefühls- und Phantasie-Elementen die Philosophie selbst eine Art Poesie geworden war, wo man denn, um doch auch eine Philosophie zu haben, gern die Poesie dazu gemacht hätte.

Entstünde nun die Frage: ob man überhaupt Ideen an die Spitze dramatischer Hervorbringungen stellen solle? so wäre die Antwort: Warum nicht? wenn man sich einer so gewaltig lebendig machenden Kraft bewußt ist, als z. B. Calderon. Sonst haben aber die großen Dichter meistens den Gang der Natur zum Muster genommen, die Ideen anregt, aber vom lebendigen Faktum ausgeht.

Auch müßte jederzeit der Unterschied zwischen philosophischer und poetischer Idee im Auge behalten werden, von denen die erste auf einer Wahrheit beruht, die zweite auf einer Ueberzeugung. Denn es ist die Aufgabe der Philosophie, die Natur zur Einheit des Geistes zu bringen; das Streben der Kunst, in ihr eine Einheit für das Gemüt herzustellen.

Die hier bezeichnete Richtung der sogenannten Kunstphilosophie hatte ein so allgemeines Erlahmen jeder Produktionskraft zur Folge, daß sie sich unmöglich lange halten konnte. Sie ist im ganzen aufgegeben und spukt nur noch unter dem rezensierenden Troß, wenn er seine Sachunkenntnis hinter Worten verschanzen will.

Länger, und bis auf unsere Tage nachwirkend, dauerte die zweite Ausgeburt falsch angewendeter Gelehrsamkeit: *Uebertreibung der Forderungen an die Produktion.*

Hatte man sich in früherer Zeit mit der Kenntnis der ewigen Alten und etwas förmlichem Franzosentum begnügt, so entstand, unmittelbar vor und mit dem neuen Jahrhundert, plötzlich eine Entdeckungsmut unbekannter Regionen, den portugiesisch-spanischen Ost- und Westindienzügen vergleichbar. Mit nicht genug zu preisendem Eifer ward Shakespeare den Deutschen näher gebracht, und eine neue Welt that sich auf, als Calderon seine ersten Strahlen durchs weichende Gewölk herübersandte. Die klassische Welt, bisher ausschließliches Eigentum der Gelehrten, ward durch Übersetzung Gemeingut für alle. Was man den Römern entzog, häufte man um desto überschwenglicher auf die Griechen; und im schwindelnden Wirbeltanze drehten sich Kunstvollkommenheiten und Meisterwerke um den staunenden Lehrling. Aber durch einen leicht begreiflichen Irrtum vergaß man, daß, was so mit einemmale und in einem Maße die nächste Nähe vereinigte, in der Wirklichkeit durch Länder und Meere, durch Völker und Jahrhunderte getrennt war.

Weil man das alles *wußte*, glaubte man sich zu der Forderung berechtigt, das alles zu *können*, und Shakespeare und Sophokles wurden als Wegsäulen und Meilenzeiger hingestellt, indes sie Sterne sind, nach denen man aus unendlicher Entfernung allenfalls seinen Lauf einrichten kann. Das Gute erschien klein im Vergleich mit jenen ewigen Heroen, und das Dankenswert-Annehmbare schrumpfte zum Atome ein, im Entgegenhalt eines Maßstabes, dessen Grade Volksbildungen waren, und dessen Ganzmaß die Kultur des Menschengeschlechtes.

Daß nun niemand erreichen konnte, was gefordert ward, setzte die Fordernden scheinbar hoch hinauf über die nach Erfüllung Strebenden, *d. h. die Kritik über die Produktion,* was allemal und jederzeit ein sicheres Zeichen des Verfalles der Kunst war.

Ja, selbst ein Teil des Publikums fand die dauernde Stellung auf den unfruchtbaren Höhen des Überschwenglichen lohnender für das Selbstgefühl, als die Unterordnung, die jeder übernimmt, der einen Eindruck auf sich wirken läßt, und der Dichter fand ablehnende Grübler, wo er dankbare Zuhörer vorausgesetzt hatte.

All diese Verkehrtheit wäre noch zu ertragen gewesen, ohne die notwendige Rückwirkung, die dieses Hetzen und Drängen endlich auf die Produzierenden selbst ausüben mußte. Ueber all dem Vermeiden und Sich-Hüten ward die Aufgabe des Dichters zuletzt halb negativ. Um doch einigermaßen zu wirken, mußte sich jeder mit einem solchen Apparat, einem solchen Rüsthaus von Offensiv- und Defensivwaffen beladen, daß unter ihrem Gewicht kein freier Schritt mehr möglich war. Jedes Vornehmen ging so ins Ungeheure und Weite, daß das Continuum zur innern Ausfüllung ermangelte. Das natürlich Genießbare verschwand, und man sah nichts mehr, als verunglückte Meisterstücke.

Der Schreiber dieses Aufsatzes läßt das alles gern auf sich und seine eigenen Werke anwenden. Er wollte nicht diesen oder den tadeln, sondern die Richtung einer Zeit, zu der er auch gehört. Man mag sich verwahren, wie man will: ist einmal derlei in der Luft, so saugt jeder seinen Teil davon beim Atemholen ein.

In letzter Ausbildung gedieh diese Richtung – was entsetzlich zu sagen ist – *bis zur Verfälschung des Gefühls.*

Kenntnisse und Wahrheiten werden von Geschlecht zu Geschlecht fortgepflanzt, und der wäre ein Thor, der sich keine andere Bildung aneignen wollte, als die er selbst aus sich selbst gefunden. Das eben unterscheidet den Menschen von den übrigen Naturwesen, daß der späte Enkelsohn, weiterbildend, fortsetzt, was der Urahn, dunkel ahnend, begonnen; indes der Sprößling des am besten abgerichteten Tieres genau von demselben Punkte wieder anfangen muß, von dem sein gelehrter Vorfahr gleichmäßig ausging: das Palladium der Geistesbildung ist die ungehinderte Mitteilung. Das Gefühl dagegen ist der Ausdruck der besondern Existenz des einzelnen; es stirbt mit jedem und wird mit jedem neu geboren. Ich kann ebensowenig das Gefühl eines andern annehmen, als die Person mit ihm tauschen; und die eigene Art, zu fühlen, aufgeben, heißt so viel, als seine Individualität verleugnen, sich als Mensch vernichten.

Kenntnisse und Ansichten werden erworben, sie sind etwas willkürlich von außen zum Menschen Hinzugekommenes; das Gefühl dagegen ist der innere Mensch selbst. Indes der Verstand sich nur zu häufig mit Möglichkeiten abgibt und je nach gewissen Ansichten der ganzen äußern Welt eine Voraussetzung, eine Annahme setzen kann, ist dagegen das Gefühl der Eindruck, den das Aeußere als eine *Wirklichkeit* macht. Es kommt daher vom Wirklichen und geht aufs Wirkliche, und wenn erdichtete Zustände uns je und dann ebenmäßig anregen, so liegt dabei nur eine Übertragung durch die Phantasie zu Grunde, weshalb wir auch den Menschen verachten, den durch die Kunst geschilderte Leiden rühren, indes sie ihn im Leben kalt lassen. Wenn nun auch die Grundlagen des Gefühls durch alle Zeiten und Völker dieselben bleiben, so sind doch die Modifikationen desselben, Grad und Stärke, Entstehung und Vermittlung durch Umstände bedingt, die mit der Zeit wechseln. Die Liebe der Griechen war eine andere als die unsere; die weibliche Schamhaftigkeit ertrug im sechzehnten Jahrhunderte Aeußerungen und Vorgänge, die sie gegenwärtig empören; am Ende der mittelalterlichen Fehden erschienen Gewaltthätigkeiten an Sachen und Personen in einem viel milderen Lichte, als sie uns jetzt in einem weit geregelteren Zustande sich darstellen; beim Fortschritt der Kenntnisse ist das Gefühl für die Wahrscheinlichkeit zu einer Feinheit ausgebildet, von der man zu Zeiten Lope de Vegas keine Vorstellung hatte; ja um etwas hier einzumischen, was weniger den Inhalt als die Form des Gefühls, die Empfindung angeht – die durch Zerstreuung weniger geschwächte Aufmerksamkeit des Publikums zur Zeit der großen englischen und spanischen Dichter war williger bereit, eine in ihrer Zusammenfügung losere Komposition zu unterstützen und zusammenzuhalten, als die verbrauchte Genußfähigkeit unsers Jahrhunderts. Nun hat sich aber in letzterer Zeit die deutsche Gelehrsamkeit so in die Dichter früherer Epochen und ihrer Gefühlsweise hineingearbeitet und gedacht, daß sie darüber vergessen, wie man heutzutage empfindet. Das allein schon wäre nun übel genug, da der Wert des Dichters eigentlich in der Art und

---

[3] Fortsetzung des vorausgehenden Aufsatzes mit Umarbeitung des letzten Absatzes.

Weise besteht, wie *er* die Natur betrachtet. Nun kommt aber noch dazu, daß man sich doch von seiner eigentümlichen, heuttäglichen Empfindungsweise nie ganz losmachen kann. Wirft man nun, wie geschieht, die starr gewordenen Ueberbleibsel einer anderen Zeit- und Bildungsepoche schroff und krud in das weiche und warmflüssige Element, so entstehen daraus Luftblasen und Wahnbilder, die jeder Poesie nur zu bald ein Ende machen müssen.

Dies alles konnte aber nicht über einen gewissen Grad gehen, wenn nicht die unveräußerlichen *Rechte des Publikums* vorher auf die schnödeste Art verkannt, ja vernichtet worden wären.

(1817.)

Um recht überzeugt zu werden, wie mißlich es mit dem Theoretisieren über Poesie aussehe und was für schiefe Resultate selbst scharfsinnige Männer herausbringen, braucht man nur jene Briefe Lessings an Mendelssohn zu lesen, wo sie beide über den Zweck und die Idee der Tragödie streiten. Wenn das am grünen Holz geschieht –. Der Teufel hole alle Theorien!

(1817.)

Man hat oft gestritten, ob die Wirkung der dramatischen Poesie in der Illusion oder in der mit Bewußtsein verbundenen Idee der Nachahmung liege. Die Wahrheit scheint in der Mitte zu sein. Der Zuschauer muß hingerissen werden, er muß, was er sieht, in einem gewissen Grade für wahr halten oder mit dem ξγεοσ χαι φοβοσ ist's vorbei: aber seinen Zustand muß ein dunkles (ich hätte bald gesagt: bewußtloses) Bewußtsein begleiten, denn wo bliebe sonst das Vergnügen an tragischen Begebenheiten und die Idee der Kunst? Ich stelle mir oft die Wirkung der dramatischen Poesie wie einen Morgentraum, kurz vor dem Aufwachen vor, wo angenehme Bilder um die Stirne gaukeln, uns mit Freude und Schmerz erfüllen, obschon (wenigstens bei mir) immer der Gedanke dazwischen kömmt: es ist ja doch alles nur ein Traum! Aber im nächsten Augenblicke taucht die kaum erwachte Klarheit wieder in die süßen Wellen unter und kommt nur jedesmal, wenn der Eindruck zu stark wird, wieder zum Vorschein.

(1817.)

Wenn wir die Aristotelische Definition der Tragödie: ελεου χαι φοβου περαινουσα την των τοιουτων παδηματων χαδαρσιν gerade so nehmen, wie sie vor uns liegt, so sollte es beinahe scheinen, als ob das bürgerliche Trauerspiel die folgerechteste Gattung wäre. Aber besitzen wir denn des Aristoteles Poetik vollständig? Wissen wir denn, ob er nicht gleich von vornherein bei Definition der Poesie überhaupt die Erhebung zum Ideal, über die Wirklichkeit hinaus, zu einer Grundbedingung jeder poetischen Gestaltung gemacht hat, so daß er es, als etwas, das sich ohnehin von selbst versteht, bei der Tragödie hinzuzusetzen nicht nötig gefunden hat?

(1845-1846?)

Die aristotelische χαδαρσιο der tragischen Leidenschaften besteht darin, daß durch die Kunst das Gefühl, das diese Leidenschaften mit sich führen, zur Betrachtung erhoben wird.

(1819.)

Das Wesen des Drama ist, da es etwas Erdichtetes als wirklich geschehend anschaulich machen soll, strenge Kausalität. Im Lauf der wirklichen Welt bescheiden mir uns gern, daß manches vorkommen könne, was sich für uns in die stetige Kette von Ursache und Wirkung nicht fügt, weil wir einen unfaßlichen Urheber des Ganzen anzunehmen genötigt sind und immer hoffen können, daß das, was für unsere Beschränktheit unzusammenhängend ist, in ihm einen uns unbegreiflichen Zusammenhang habe: im Gedicht aber kennen wir den Urheber der Begebenheiten und ihrer Verknüpfung und wissen in ihm einen dem unsern ähnlichen Verstand, daher sind wir auch wohl berechtigt, anzunehmen, was in seiner Schöpfung für unsere und überhaupt für die menschlich-endliche Denkkraft nicht zusammenhänge, habe überhaupt keinen Zusammenhang und gehöre daher in die Klasse der leeren Erdichtungen, die der Verstand, von dessen formaler Leitung sich auch die schaffende Phantasie, wie jedes innere Vermögen, nicht losmachen kann, unbedingt verwirft, oder die wenigstens die beim Drama beabsichtigte Annäherung an das Wirkliche ganz ausschließt.

Das Kausalitätsband ist nun, den Begriff der Freiheit vorausgesetzt, seiner Möglichkeit nach ein doppeltes: Nach dem Gesetze der Notwendigkeit, d. i. der Natur, und nach dem Gesetze der Freiheit. Unter dem Notwendigen wird hier alles dasjenige verstanden, was, unabhängig von der Willensbestimmung des Menschen, in der Natur oder durch andere seinesgleichen geschieht, und was, durch die unbezweifelte Einwirkung auf die untern, unwillkürlichen Triebfedern seiner Handlungen, die Aeußerungen seiner Thätigkeit, zwar nicht nötigend, aber doch anregend bestimmt. Die Einwirkung dieser äußern Triebfedern ist bekanntlich so stark, daß sie bei Menschen von heftigen, durch verkehrte Erziehung und unglückliches Temperament genährten Neigungen oft alle Thätigkeit der Freiheit aufzuheben scheint, und selbst die Besten unter uns sind sich bewußt, wie oft sie dadurch zum Schlimmen fortgerissen wurden, und wie diese Triebfedern einen Grad von extensiver und intensiver Größe erreichen können, wo fast nur ein halbes Wunder möglich machen kann, ihnen zu entgehen. Das nun, was außer unserem Willenskreise, unabhängig von uns, also notwendig vorgeht und, ohne daß wir es nach Willkür bestimmen könnten, auf uns bestimmend (nicht nötigend) einwirkt, nennen wir, im Zusammenhange und unter dem für die ganze Natur geltenden Kausalitätsgesetze als Ursache und Wirkung stehend gedacht, *Verhängnis*, und insofern wir einen Verstand voraussetzen, der, ohne Einwirkung auf die Verhängnisse, das Verhängnis denkt und, außer der Beschränkung von Raum und Zeit, von vorher und nachher erkennt, *Schicksal* (*Fatum).* Das Schicksal ist nichts, als eine Vorhersehung ohne Vorsicht, eine *passive* Vorsehung möchte ich sie nennen, entgegengesetzt der aktiven, die als die Naturgesetze zu Gunsten des Freiheitsgesetzes modifizierend gedacht wird.

Im Trauerspiele nun wird entweder der Freiheit über die Notwendigkeit der Sieg verschafft, oder umgekehrt. Die Neuern halten das erstere für das allein Zulässige, worüber ich aber ganz der entgegengesetzten Meinung bin. Die Erhebung des Geistes, die aus dem Siege der Freiheit entspringen soll, hat durchaus nichts mit dem Wesen des *Tragischen* gemein und schließt nebstdem das Trauerspiel scharf ab, ohne jenes weitere Fortspielen im Gemüte des Zuschauers zu begünstigen, das eben die eigentliche Wirkung der wahren Tragödie ausmacht. Das Tragische, das Aristoteles nur etwas steif mit Erweckung von Furcht und Mitleid bezeichnet, liegt darin, daß der Mensch das Nichtige des Irdischen erkennt, die Gefahren sieht, welchen der Beste ausgesetzt ist und oft unterliegt; daß er, für sich selbst fest das Rechte und Wahre hütend, den strauchelnden Mitmenschen bedaure, den Fallenden nicht aufhöre, zu lieben, wenn er ihn gleich straft, weil jede Störung vernichtet werden muß des ewigen Rechts. Menschenliebe, Duldsamkeit, Selbsterkenntnis, *Reinigung der Leidenschaften durch Mitleid und Furcht* wird eine solche Tragödie bewirken. Das Stück wird nach dem Fallen des Vorhangs fortspielen im Innern des Menschen, und die Verherrlichung des Rechts, die Schlegel in derber Anschaulichkeit auf den Brettern und in den Lumpen der Bühne sehen will, wird glänzend sich herabsenken auf die stillzitternden Kreise des aufgeregten Gemüts.

Es ist ein Schicksal, das den Gerechten hienieden fallen läßt und den Ungerechten siegen, das »unvergoltene« Wunden schlägt, *hier* unvergolten. Laßt euch von der Geschichte belehren, daß es eine moralische Weltordnung gibt, die im Geschlechte ausgleicht, was stört in den Individuen; laßt euch von der Philosophie und Religion sagen, daß es ein *Jenseits* gibt, wo auch das Rechtthun des *Individuums* seine Vollendung und Verherrlichung findet. Mit diesen Vorkenntnissen und Gefühlen tretet vor unsere Bühne, und ihr werdet verstehen, was wir wollen. *Die wahre Darstellung hat keinen didaktischen Zweck*, sagt irgendwo Goethe, und wer ein Künstler ist, wird ihm beifallen. Das Theater ist kein Korrektionshaus für Spitzbuben, und keine Trivialschule für Unmündige. Wenn ihr mit den ewigen Begriffen des Rechts und der Tugend vor unsere Bühne tretet, so wird euch das zerschmetternde Schicksal ebenso erheben, wie es die Griechen erhob; denn der Mensch bleibt Mensch »im Filzhut und im Jamerlonk«, und was einmal wahr gewesen, muß es ewig sein und bleiben.

Zudem thun diejenigen, die das Heilige durch die Kunst verherrlichen wollen, weder der Kunst noch dem Heiligen einen Gefallen; denn das Heilige, das der Phantasie bedarf, um ins Herz zu kommen, ist ein erlogenes, und das Kunstgefühl, das, um aufgeregt zu werden, einen Gegenstand braucht, der das hat, was Kant Interesse nennt, ermangelt des Schönheitssinnes.[4]

(1819)

---

[4] Entwurf einer Fortsetzung des vorausgehenden Aufsatzes

Wenn das Drama in einen Mittelpunkt zusammengeht, so geht das Epos von einem Mittelpunkte aus. Wenn das Verhältnis des Einzelnen im ersten wie das von Mittel zum Zweck ist, so stellt es sich im zweiten mehr als Verhältnis des Teils zum Ganzen dar.

(1855)

Der wesentliche Unterschied der Novelle vom Drama besteht darin, daß die Novelle eine gedachte Möglichkeit, das Drama aber eine gedachte Wirklichkeit ist. *(Für Bauernfeld.)*

(1819)

Die Ursache, warum das Gräßliche nicht auf der Bühne erscheinen darf, ist, weil es durch seine, ich möchte sagen: physische, Wirkung auf die Nerven sich als ein *Wirkliches* darstellt. Selbst das Tragische müßte von der Bühne verbannt bleiben, wenn nicht das Bewußtsein, daß es erdichtet sei, es immer begleiten könnte.

(1821)

Gehört nicht vielleicht unter die Gründe, warum ein Seelenschmerz auf dem Theater Wirkung macht, nicht aber auch ein körperlicher, dieser Grund, daß der Schauspieler sich durch seine Einbildungskraft wohl vollkommen in den erstern versetzen kann, nicht aber auch in den letztern, so daß dieser immer als offenbare Lüge sich darstellt. Ich kann mich durch die lebhafte Vorstellung fremden Kummers so sehr rühren lassen, daß ich selbst ein ähnliches Leiden empfinde; wenn ich mir aber einen Podagristen noch so lebhaft denke, so werde ich deswegen doch keine Schmerzen in den Füßen empfinden.

(1820)

Offenbar liegt ein Teil des Grundes von dem Wohlgefallen an dem Tragischen in der Poesie auch darin, daß der unbestimmte, formlose Schmerz über die Uebel des Lebens durch die bildende Kunst Gestalt bekommt und nun nicht mehr als ein Unbegrenztes in dumpfer Marter, sondern als ein zu Ueberschauendes bei vollem Bewußtsein wirkt. – Das bliebe, meine ich, selbst dann noch übrig, wenn man beim Sprechen über Poesie von der Poesie selbst absähe.

(1837)

Man gefällt sich in neuester Zeit darin, einen Unterschied zwischen Dramatischem und Theatralischem zu machen. Ganz falsch, wie mir scheint. Das echt Dramatische ist immer theatralisch, wenn auch nicht umgekehrt. Das Theater ist der Rahmen des Bildes, inner welchem die Gegenstände Anschaulichkeit und Verhältnis zu einander haben. Ueber den Rahmen hinaus sind sie nicht mehr mit *einem* Blick zu umfassen, die Anschauung wird schwächer und verwirrt sich, sie nimmt mehr die Form der epischen Succession als der dramatischen Gleichzeitigkeit und Gegenwart an.

(1822)

Die neuesten Aesthetiker wollen der Stoffe suchenden tragischen Kunst bloß allein die Geschichte anweisen, deren Fakta, als unmittelbare Ausflüsse des Weltgeistes, allein die nötige Tiefe und Würde hätten. Lächerlich! Die *Begebenheiten* mögen wohl allerdings das Werk des Weltgeistes sein, aber die *Geschichte?* Was ist denn die Geschichte anders, als die Art, wieder *Geist des Menschen* diese ihm undurchdringlichen Begebenheiten aufnimmt; das, weiß Gott ob, Zusammengehörige verbindet; das Unverständliche durch etwas Verständliches ersetzt; seine Begriffe von Zweckmäßigkeit nach außen einem Ganzen unterschiebt, das wohl nur eine nach innen kennt; Absicht findet, wo keine war; Plan, wo an kein Voraussehen zu denken, und wieder Zufall, wo tausend kleine Ursachen wirkten. Was anders ist die Geschichte? Was anders, als das Werk des Menschen? Da es nun aber nicht die Begebenheiten, sondern ihre Verbindung und Begründung ist, worauf es dem Dichter ankommt, so laßt ihn in Gottes Namen sich auch seine Begebenheiten selbst erfinden, wenn er anders dazu Lust hat.

(1837)

Ein historisches Drama in dem Sinne statuieren, daß der Wert desselben in der völlig treuen Wiedergabe der Geschichte bestehe, ist ebenso lächerlich, als wenn man einst die Aufgabe der Kunst im allgemeinen in der getreuen Nachahmung der Natur suchte und zu finden glaubte. Die Natur in Handlung (Geschichte) ist Natur wie die leblose, und beide Bestreben sind eins so absurd und prosaisch als das andere.

(1819-1820)

Die Aufgabe der dramatischen und epischen Poesie gegenüber der Geschichte besteht hauptsächlich darin, daß sie die Planmäßigkeit und Ganzheit, welche die Geschichte nur in großen Partien und Zeiträumen erblicken läßt, auch in dem Raum der kleinen gewählten Begebenheit anschaulich macht.

(1836)

Die Handlung unterscheidet sich dadurch von der Begebenheit, daß bei letzterer hauptsächlich auf die *Folgen* einer gegebenen Lage Wert gelegt wird, bei der Handlung aber auf ihre *Ursachen*, wo denn freilich wieder die Lage selbst in die Reihe der Ursachen tritt und mit einer letzten Folge endlich abschließt.

(1819?)

Der Grund, der dem Schicksal seinen Platz im *Drama* anweist, ist die strenge Ursächlichkeit, die durch das Wesen des Drama bedingt wird. Alle Ereignisse, die kein unmittelbares Produkt einer freien Willenskraft sind, und die im Epos, abgesondert, als Lauf der Welt, als Zufall gelten, können im Drama nur als Glied einer Kette, als Schicksal (mag man es auch Vorsehung taufen) erscheinen.

(1839)

Man hat öfter über die Bedeutung des Wortes *Handlung* in poetischer Beziehung gesprochen, und wodurch sie sich vom Ereignis unterscheide. Eben darin, wodurch sie sich historisch oder ethisch unterscheiden. Handlung ist ein Ereignis, dem *Absicht* zu Grunde liegt. Diese Absicht kann aber entweder in dem Subjekte der Thätigkeit liegen, oder ihrer Thätigkeit von außen entgegengesetzt werden, und zwar wieder entweder von einer andern Person, oder von Umständen, die die Form von Absicht annehmen. Letzteres nennen wir Schicksal.

Vom Schicksal.

1.

(1817)

Es ist in der neuesten Zeit so viel über das *Schicksal* und seine Anwendbarkeit oder Unanwendbarkeit für die neuere Tragödie gesagt und geschrieben worden, daß ich, da besonders mein Trauerspiel die Ahnfrau den Streit neu entzündet hat, es für meine Schuldigkeit achte, dem Publikum meine Ansichten von dieser vielbesprochenen Sache vorzulegen.

Um nicht weitläuftig zu sein, gleich zur Sache. Vor allem: was verstanden die Alten (die Griechen nämlich) unter dem Worte *Fatum*, und in welchem Sinne machten sie davon Gebrauch in ihrer Tragödie? Da stoßen wir nun gleich auf verschiedene Meinungen. Der eine findet in dem Fatum der Griechen bloß ihre Naturnotwendigkeit, ein zweiter die strafende Weltgerechtigkeit, ein dritter eine feindselig einwirkende Macht. Unsere Verwunderung über diese Verschiedenheit der Meinungen nimmt ab, wenn wir die Werke der alten Dichter und insbesondere der Tragiker in dieser Beziehung durchgehen und das Schicksal in ebensovielen Gestalten wieder finden. Bald erscheint sie als ausgleichende, selbst die Götter fesselnde Gerechtigkeit, wie im Prometheus, bald als unbedingt notwendige Vorherbestimmung, wie in der Fabel vom Untergange des Labdakosstammes, bald als rächende Nemesis über den Tantaliden. Einmal in Opposition mit den Göttern, ein andermal (wie bei dem Geschlechte des Tantalos) zusammenfallend mit dem Willen der Olympier. Ja, im Euripides treten meistenteils die Götter selbst an die Stelle des Schicksals. Alles dieses muß uns auf den Gedanken bringen, daß wohl die Griechen selbst mit dem Worte Fatum keinen bestimmten, genau begrenzten Begriff verbanden, daß es ihnen erging, wie uns mit den Worten Zufall, Glück und andern, die wir gebrauchen, um gewisse Erscheinungen zu bezeichnen, die da sind, ohne daß wir sie erklären könnten, Worte, die jedermann versteht, wenn sie auch niemand begreift. Und so ist es auch. Die Griechen nannten Schicksal die unbekannte Größe = x, die den Erscheinungen der moralischen Welt zu Grunde liegt, deren Ursache unserm Verstande verborgen bleibt, ob wir gleich ihre Wirkungen gewahr werden. Der ganze Begriff war lediglich ein Ausfluß des dem menschlichen Geiste angeborenen Strebens, dem Begründeten einen Grund aufzufinden, des Strebens, ein Kausalitätsband unter den Erscheinungen der moralischen Welt herzustellen.

Dieses Streben des menschlichen Geistes liegt in seiner Natur und besteht gegenwärtig noch ebenso, wie unter den Heiden. Es sollte zwar scheinen, als ob das Christentum hierin die Lage der Dinge ganz geändert hätte, es *scheint* aber nur so. Das Christentum hat uns einen allmächtigen Gott gegeben, der in seinen Händen die Gründe alles Seins hält, und von dem alle Veränderungen ausgehen. Das ist genug, um das ahnende Gemüt zu befriedigen. Aber auch, um den grübelnden Verstand, die schwelgende Phantasie zu bezähmen? Die Erfahrung von 1800 Jahren hat das Gegenteil gezeigt. Wir kennen Gott als den *letzten* Ring in der Kette der Dinge, aber die Mittelglieder fehlen, und gerade eine *Reihe* sucht der Verstand. Statt, wie das Gemüt von oben anzufangen und das Irdische an jenes zu knüpfen, beginnt der Verstand, seiner Natur nach, von dem, was er faßt, von dem untersten Gliede nämlich, und sucht nun zu dem obersten auf einer Leiter ohne Stufen emporzusteigen. Hat er sich hier eine Weile vergebens abgemattet, so bricht die Phantasie, die er bisher zügelte, los und verknüpft die hier und dort sichtbaren Ringe der in Dunkel gehüllten Kette mit ihrem Bande, und – *nihil novi in mundo*! Tausend Dinge, die wir nicht begreifen, tausend Schickungen, deren ausgleichenden Grund wir nicht einsehen und die uns ewig an die lästige Beschränktheit der menschlichen Natur verweisen, machen uns irre; die Gewohnheit, Erscheinungen, die aufeinander folgen, in dem Verhältnis von Ursache und Wirkung zu betrachten, trägt das Ihrige bei. Daß das wirklich so ist, zeigt der so allgemein verbreitete Glaube an: Glück, Zufall, Vorbedeutung; unheilbringende Tage, Worte, Handlungen; die Astrologie, die Chiromantie u.s.w. Der Glaube an einen gütigen und gerechten Gott wird dadurch nicht aufgehoben – auch devote Personen hängen an derlei Aberglauben – sondern nur für Augenblicke aus dem Gesichte gerückt. Die Phantasie ist zufrieden, ihr Gebäude bis zu einer Höhe geführt zu haben, deren Entfernung ein klares Weiterschauen unmöglich macht, und ergötzt sich an den verfließenden Umrissen. So ist es, und so wird es bleiben, bis es das Gemüt mit seinem Ahnen und Glauben bis zur Deutlichkeit der Verstandesbegriffe und Phantasiebilder gebracht hat, das heißt, bis ans Ende der Welt.

Dieses vorausgeschickt, erhellt, daß die Idee des Schicksals, obschon für die Philosophie verwerflich, für die Poesie von höchster Wirkung ist. Nicht theoretisch Erwiesenes, sondern praktisch Vorhandenes braucht diese letztere, und was könnte ihren Phantasiegebilden erwünschter sein, als ein von der Phantasie selbst gemalter Hintergrund, der in seiner Unermeßlichkeit ihr Raum zur freiesten Bewegung gibt. Die Frage über Anwendbarkeit des Fatums in der Poesie fällt hierdurch zusammen mit der Frage über die Anwendbarkeit der Gespenster, der vorbedeutenden Träume u.s.w., welche letztere sogar die geisterscheuen Franzosen in ihren Tragödien so wichtige Rollen spielen lassen.

Soll daher die Idee des Fatums in der neueren Tragödie ebenso vorherrschen, wie in der antiken? Nichts weniger als das. Bei der religiösen Tendenz, die den Tragödien der Alten, von ihrem Ursprunge her, anhing, war das Fatum so gut, als das Göttersystem, notwendige Voraussetzung; bei den Neuern wird sie – Maschine, eine schwer zu behandelnde, vorsichtig zu brauchende Maschine, und zwar lediglich für die Tragödie, mit Ausschluß jeder andern Dichtungsart, der Epopöe zum Beispiel. Aus dem Grunde dieses Unterschiedes wird zugleich die Art des Gebrauches folgen.

Der Begriff Schicksal ist bei uns nicht eine Frucht der Ueberzeugung, sondern der dunkeln Ahnung. In allen andern Dichtungsarten spricht der Dichter selbst: was er sagt, ist *seine* Meinung, und daher wäre ein auf die Idee des Fatums gegründetes neueres Epos ein Unding. Im Drama sprechen die handelnden Personen, und hier liegt es in der Macht des Dichters, ihre Charaktere so zu stellen, den Sturm ihrer Leidenschaften so zu lenken, daß die Idee des Schicksals in ihnen entstehen muß. Wie das Wort ausgesprochen oder die Idee rege gemacht worden ist, schlägt ein Blitz in die Seele des Zusehers. Alles, was er hierüber in schmerzlichen Stunden ausgegrübelt, gehört, geahnet und geträumt, wird rege, die dunkeln Mächte erwachen und er spielt die Tragödie mit. Aber nie trete der Dichter vor und erkläre den Glauben seiner Personen für den seinigen. Dasselbe Dunkel, welches über das Wesen des Schicksales herrscht, herrsche auch in seiner Erwähnung desselben; seine Personen mögen ihren Glauben daran deutlich aussprechen, aber immer bleibe dem Zuschauer unausgemacht, ob er dem launichten Wechsel des Lebens oder einer verborgenen Waltung das schauderhafte Unheil zuschreiben soll, er selber ahne das letztere, es werde ihm aber nicht klar gemacht; denn ein ausgesprochener Irrtum stößt zurück.

Auf diese Art hat Müllner die Idee des Schicksals gebraucht, auf diese Art schmeichle ich mir, sie gebraucht zu haben, und die Wirkung, die dieselbe auch auf den gebildeten Teil des Publikums gemacht hat, bekräftigt meine Meinung.

Mit dieser Erklärung werden vielleicht gerade die eifrigsten Verteidiger des Fatums am wenigsten zufrieden sein, die demselben einen großen Dienst zu erweisen glaubten, wenn sie es in Verbindung mit den Grundsätzen der christlichen Religion zu bringen suchten und der Tragödie, wer weiß, was für eine hohe moralische Bestimmung anwiesen. Aber sie mögen sich vorsehen. Das eben ist das Unglück der Deutschen, daß sie ewig all ihr Wissen zu Markte bringen und nicht glauben, eine rechte Tragödie gemacht zu haben, wenn sie nicht im Notfall zugleich als ein Kompendium der Philosophie, Religion, Geschichte, Statistik und Physik gelten kann, so daß man in ihren dramatischen Werken alles bis auf das Dramatische antrifft. Ich kann einmal nicht helfen, und alle eigentlich *produktiv* poetischen Köpfe werden mir hoffentlich beistimmen. Menschliche Handlungen und Leidenschaften sind der Vorwurf der tragischen Kunst, alles andere, und wäre es auch das Höchste, bleibt zwar nicht ausgeschlossen, aber ist – *Maschine*. Religion auf die Kanzel, Philosophie auf den Katheder, der Mensch mit seinem Thun und Treiben, seinen Freuden und Leiden, Irrtümern und Verbrechen auf die Bühne. Und somit genug.

2.

(1817)

Mich dünkt, wenn die Idee des Fatums in einer neuern Tragödie vorkommt, so müsse sie notwendig in einem gewissen Dunkel verhüllt sein; das Wort *Fatum* als das Glaubensbekenntnis des Dichters ausgesprochen, klingt aufs mindeste höchst sonderbar und stößt zurück, da es gegen die einmal angenommenen Ueberzeugungen streite, *quae quisque prae se fert*. Aber als dunkle Ahnung existiert das Fatum noch jetzt, und wird es ewig, solange nicht unsere theoretische Einsicht bis zu einem Grade praktischer Ueberzeugung gesteigert ist, der vielleicht außer den Grenzen der menschlichen Natur liegt. Als Ahnung nun muß sie auch sich in der Tragödie zeigen. Es müssen Fakten gegeben sein und dem Zuschauer überlassen werden, dabei schaudernd ein Fatum zu denken. Dem steht nicht entgegen, daß die handelnden Personen selbst ein Fatum glauben, nur muß nirgends ganz klar werden, daß der Dichter ihren Glauben völlig billigt. Darum ist das Fatum (um ja auszusprechen, was gar nicht ausgesprochen werden sollte) in neuern Zeiten bloß im Drama zu brauchen, wo die Gesinnungen der dramatischen Personen dargelegt werden, im Epos wäre seine Einwirkung Unsinn. –

3.

(1818)

Der vorzüglichste Grund, warum die (sogenannte) heidnische Idee vom Fatum der Poesie, namentlich der dramatischen, mehr zugesagt, als die Vorstellung von Vorsehung, fließt schon aus der Betrachtung des Wesens der Poesie, als Gegensatz der Wissenschaft. Die Wissenschaft bringt das Besondere unter das Allgemeine, sie erhebt die Wahrnehmung zum Begriff. Die Poesie hingegen, in ihrer Funktion der Wissenschaft entgegengesetzt, sucht das Besondere aus dem Allgemeinen heraus, indem sie, ihrem Wesen nach, das letztere anschaulich zu machen, zu versinnlichen sucht. Die Wissenschaft hat es mit Begriffen zu thun, die Poesie mit Bildern. Hieraus fließt, wenn beide ihre Erzeugnisse nach dem dem Menschen einwohnenden Bedürfnisse aneinander reihen und verbinden, eine wesentliche Verschiedenheit. Die Wissenschaft sucht den denkbar letzten Grund auf, die Poesie den letzten sinnlich erkennbaren, bildlich darstellbaren. Die Philosophie ist zufrieden, wenn sich in den Gliedern der Kette, durch die sie die Erscheinung an ihren letzten Grund knüpft, nur kein Widerspruch ergibt, die Poesie muß jedes Glied vorzeigen können, wenn es für sie da sein soll, und sie läßt sich lieber einen wirklich verborgenen als einen scheinbaren, obgleich in der That nicht vorhandenen, Widerspruch gefallen.

4.

Man hat in neuerer Zeit – oder vielmehr diese Zeit ist auch schon vergangen, wie in Deutschland alles schnell vergeht – man hat also in einer nur kurz vergangenen Zeit viel gegen das Schicksal geeifert, in dem Sinne, wie es von den Poeten gebraucht worden ist, und gebraucht wird. Man hat bewiesen, daß diese Idee weder mit der

Vernunft, noch mit dem Christentum übereinstimme, denn selbst von dem Christentume sprechen die Kritiker, wenn es ihnen irgendwo theoretisch zu Paß kommt. Man hat dabei nur vergessen, daß es dem Dichter nicht um eine philosophische, sondern um eine poetische Idee zu thun ist, der Unterschied aber ist groß. Wer ihn nicht kennt, gehe in die Schule und lerne, dann komme er wieder, um Poesie zu genießen oder, will's Gott, zu beurteilen. Die Philosophie mißt die Dinge mit dem Maßstabe der Vernunft, zersetzt sie in ihre Elemente und vereinigt diese wieder zum Begriffe, wo dann das Ding verloren gegangen ist, aber seine Erkenntnis gewonnen. Jede Idee ist, philosophisch genommen, leer, wenn sie sich nicht auf einen Begriff bringen läßt. Die Poesie dagegen, die Kunst, nimmt den Gegenstand als Ganzes auf, d.h. mit der Empfindung. Die dabei sich entwickelnden Gedanken werden keineswegs begriffsmäßig abgeschlossen, sondern in ein ahnungsvolles Unübersehbares fortgeführt, vollkommen gerechtfertigt, wenn ein unvertilgbares Gefühl in der Menschenbrust für die Richtigkeit des Weges einsteht und die Möglichkeit eines Abschlusses verbürgt. Nicht zu Ende gedachte Gedanken sind die Logik der Poesie. Wie man denn überhaupt den Verstand eine artikulierte Empfindung und die Empfindung einen artikulierten Verstand nennen könnte.

Aber wohlgemerkt! Ein unvertilgbares Urgefühl der Menschennatur muß die Richtigkeit der Konsequenzen einsehen.

5.

(1845-1846?)

Man hat in neuerer, nicht neuester Zeit viel gestritten über den Gebrauch des Schicksals in der Poesie, vornehmlich in der dramatischen, und das Ergebnis des Streites war ein verneinendes. Aber ihr werdet doch an ein Schicksal überhaupt glauben? Die Philosophie an der Hand der Naturwissenschaft weist euch unabweisliche Gesetze des Geschehenden nach und wenn erstere auch, wie billig, der Freiheit einen Platz vorbehält, so gibt sie doch zu, daß, wo die freien Handlungen mit der Notwendigkeit der Natur nicht übereinstimmen, sie, die Freiheit zerschellt wird und ihr Verdienst sich auf den Entschluß und auf den Versuch der Ausführung beschränkt. Der Lauf der Welt ist das Schicksal des einzelnen, ja die Freiheit des einen ist das Schicksal des andern.

Die Religion läßt alles von einem höchst weisen und gütigen Schöpfer aufs beste eingerichtet sein, wo denn aber, was in seinem Ursprunge Vorsehung ist, in seiner Wirkung wieder zum Schicksal wird; das Christentum nennt derlei zwar Schickung, die bloße Endsilbe ändert aber nichts, man müßte denn eine so spezielle Vorsehung annehmen, die immerfort an dem einzelnen zurechtstellte und rüttelte, was dann ziemlich vernunftwidrig wäre, ja durch die Schickung selbst widerlegt wird, die sich manchmal als höchst unbillig und ungerecht darstellt. Man hilft sich zwar bei derlei inkommensurablen Schickungen damit, daß man sie als Prüfungen oder Besserungsanlässe bezeichnet und dafür Anweisungen auf ein anderes Leben ausstellt, wo denn aber auch, menschlich genommen, nichts erklärt ist.

+++

(1837)

Was man *Schicksal* nennt, muß dem poesielosen neuern Deutschland notwendig unstatthaft erscheinen, da die ganze Idee, abgesehen von einer teilweisen Realität, rein Poesie ist. Ein Anthropomorphismus, eine Personifikation der Naturnotwendigkeit, der von unserm Willen unabhängigen äußern Umstände. Ein Welttropus. Was die *äußere Gestalt* betrifft, in der diese Figur auftritt, so hängt sie von der Form ab, in der sie der jedesmaligen Zeit geläufig ist.

(1819)

Die heidnische Weltansicht ist die Naturansicht, drum zieh' ich sie vor für die Poesie. Die christliche beruht auf Suppositionen. Sie ist daher ihrem Wesen nach bedingt und beschränkt. Wer weiß, ob sie in 300 Jahren noch gilt. Die heidnische wird gelten, so lange die Welt steht und Menschen Menschen sind.

(1844)

Das ist der innere Zusammenhang des Drama, daß jede Scene ein Bedürfnis erregen und jede eines befriedigen muß.

(1835)

Das Publikum fordert unnachsichtlich Eines, wodurch es eben zu einer so vortrefflichen Kontrolle für den dramatischen Dichter wird, und dieses Eine ist *Leben*.

(1834)

Fragt mich aber nun jemand, ob ein Drama eine Idee zur Grundlage haben könne und solle? so antworte ich: warum nicht? vorausgesetzt, daß sich der Verfasser einer großen belebenden Kraft bewußt ist, wie Calderon allenfalls. Die übrigen großen Dichter haben es aber nur selten praktiziert und sind in ihren Hervorbringungen zu Werke gegangen wie ihre große Meisterin, die Natur: Ideen anregend, aber vom lebendigen Faktum ausgehend. Im Anfang war die *That*.

(1821)

Die *Konsequenz* der Leidenschaften ist das Höchste, was gewöhnliche Dramatiker zu schildern und gewöhnliche Kunstrichter zu würdigen wissen, aber erst die aus der Natur gegriffenen *Inkonsequenzen* bringen Leben in das Bild und sind das Höchste der dramatischen Kunst; nur faßt diese niemand auf, als etwa noch das unbewußte Gefühl der Menge, und der Kritiker höchstens an abgeschiedenen Klassikern auf Autorität.

(1816)

Es ist eine große Frage: ob das zu scharfe Individualisieren der Charaktere, wie wir es bei Shakespeare finden, dem dramatischen Effekt nicht schädlich ist. Der Mensch verschwindet in eben dem Verhältnisse, in welchem das Individuum hervortritt.

(1819)

Die Kunst des Schauspielers hat drei Stufen: eine Rolle *verstehen*, eine Rolle *fühlen*, und das Wesen einer Rolle *anschauen*.

(1855)

Man eifert jetzt gegen die Deklamation im versifizierten Trauerspiele. Man kann allerdings die Emphase zu weit treiben, darf aber auch nie vergessen, daß der Vers die Mitte zwischen der Rede und dem Gesange ist.

(1842)

Für den dramatischen Dichter ist das Theater das, was für den Maler der Rahmen ist.

Theaterkritiken

1.

(1818)

Am 12. Mai im Theater nächst der Burg: Tasso. Mlle. Böhler aus Leipzig und Herr Lemm aus Berlin gaben die Rollen der Prinzessin und des Antonio als Gäste. Eine Schauspielerin thut vielleicht nicht wohl, die Rolle dieser Prinzessin zu ihrem ersten Auftritt auf einer fremden Bühne zu wählen. Man möchte bei einer solchen Gelegenheit sich dem neuen Publikum doch gleich im besten Lichte zeigen und demselben so viel Seiten seines Talentes vor die Augen bringen, als nur irgend angehen mag. Einfach und in sich selbst begründet, wie diese Prinzessin ist, ohne Glanz und Schimmer – fast farblos möcht' ich sie nennen – ist sie so durchaus negativ gehalten, daß sie, richtig dargestellt, immer nur als Glied des Ganzen gelten, nie aber sehr merklich hervortreten kann. Ja, man möchte überhaupt beinahe glauben, daß es irgend einem Frauenzimmer von Geist und Gefühl auf einer Privatbühne leichter gelingen möchte, in dieser Rolle zu befriedigen, als der ersten Schauspielerin auf dem öffentlichen Theater. Das Eigentümliche dieser Prinzessin besteht eben darin, ganz und gar keine Schauspielerin zu sein; nichts zu *scheinen*. Das gibt durchaus keine *Rolle*.

Wer der letzten Vorstellung des Tasso beigewohnt hat, wird aus dieser Darlegung unsere Ansicht nun wohl abnehmen, wo Mlle. Böhler uns vortrefflich scheinen mußte, und wo sie uns zu wünschen übrig ließ. Das Spiel der Mlle. Böhler ist nicht frei von Manier. Das thut nie gute Wirkung, am wenigsten in der hier angezeigten Rolle. Der Vortrag dieser Schauspielerin ist in hohem Grade deklamatorisch. Alle Stellen, wo diese Art des Vortrags am Platze war, gelangen ihr vortrefflich, dagegen verfiel sie aber häufig in den Fehler, Dinge, die leicht gesagt sein wollen, zu sehr hervorzuheben. Besonders war dies der Fall im 1. Aufzuge. Diese Rolle verträgt durchaus keine eigentlich deklamatorische Behandlung. Vom 3. Aufzuge an ließ sich Mlle. Böhler verleiten, etwas von dem Tone der unglücklichen Liebhaberin anzunehmen. Die Prinzessin liebt wohl und ist nicht glücklich; aber dieselben Gefühle wirken bei verschiedenen Menschen verschieden. Alles was sich hierüber sagen ließe, ist in den wenigen Zeilen enthalten, die der Dichter Leonore Sanvitale in den Mund legt:

> ... ihre Neigung zu dem werten Manne
> Ist ihren andern Leidenschaften gleich.
> Sie leuchten, wie der stille Schein des Mondes
> Dem Wandrer spärlich auf dem Pfad zu Nacht;
> Sie wärmen nicht und gießen keine Lust
> Noch Lebensfreud' umher.

Es ist wohl begreiflich, daß Leonore gerade da, wo sie diese Worte sagt, alle Ursache hat zu ihrer eigenen Rechtfertigung, der Bedürfnislosigkeit ihrer Freundin das Gewand der Apathie zu leihen, nichtsdestoweniger aber sind doch diese Worte der Schlüssel zu dem Charakter der Prinzessin. Aber genug gekrittelt. Dlle. Böhler hat in dieser Rolle gezeigt, was sie in andern zu leisten im stande ist. Und genau betrachtet kann man als Prinzessin im Tasso manches zu wünschen übrig lassen, und noch immer eine bedeutende Schauspielerin sein. Wer denkt nicht hierbei an die Vorgängerin der Dlle. Böhler in dieser Rolle, deren Andenken noch in allen Herzen lebt, und die doch auch an derselben Stelle dieselben Klippen fand. – Das Publikum erkannte das Schwierige der Aufgabe und ließ dem Verdienste des schönen Gastes bei jeder gelungenen Stelle volle Gerechtigkeit widerfahren.

Antonio war Herr Lemm. Seine beiden früheren Darstellungen auf unserer Bühne hatten zu freudigen Erwartungen berechtigt und – sie wurden erfüllt. Herr Lemm hat seine ungeheuer schwierige Aufgabe als ein Mann gelöst, der weiß, was er will, und was er will auch kann. Wenn man schon tadeln wollte, könnte man erinnern, daß der schroffe, kalte Antonio nicht bloß Staatsmann, daß er offenbar auch Hofmann ist. Nicht als wollte man dem tüchtigen Manne das Reverenzenwesen, das sich manche bei dem Worte: Hofmann denken und als das Höchste preisen, aufheften. Gott behüte! Laßt uns die Karikaturen der Assembleezimmer dahin verbannen, wohin sie gehören, und uns wohl hüten, die heitern Laubgänge der Kunst in Spitzsäulen und Schnörkelpartien der Konversation zu verschneiden, damit uns das Theater ein Zufluchtsort sei vor der Erbärmlichkeit des Alltagslebens und nicht ein reflektierender Spiegel desselben. Also nicht so ist's gemeint. Aber es dünkte uns, als ob Antonio bei seinem ersten Auftreten die Unterordnung außer acht gelassen hätte, die den Hofmann charakterisiert. Herr Lemm trat im ersten Aufzuge offenbar zu sehr vor und erlaubte sich im Ton der Rede und in seinen Bewegungen manches, was Antonio wohl nicht gewagt hätte. Auch kam uns vor, als ob er gleich anfangs sich von dem Bestreben, den Gegensatz der Prosa gegen den Stellvertreter der Poesie zu markieren, etwas zu sehr hätte bestimmen lassen. In den folgenden Akten kam Herr Lemm von diesen kleinen Abwegen ganz zurück. Eine Anmerkung, die übrigens auf Herrn Lemms ganze Darstellung geht, ist diese, daß er im Vortrage – ob aus Mangel des Atmens, oder durch das Bestreben irre geleitet, den Rhythmus in den Reden des prosaischen Antonio aufzuheben, oder endlich aus übler Angewohnheit – Verse und Konstruktionen öfters auf eine unangenehme Art zerreißt, wodurch manchmal wohl gar der Sinn verloren geht. Auch sprach er manchmal zu leise. Was außer dem musterhaften Auffassen des Ganzen der Rolle in seiner Darstellung noch einzeln lobenswert war, hat das Publikum durch seine oft wiederholten Zeichen des Beifalls laut genug bezeichnet. Er und Mlle. Böhler wurden am Schluß der Vorstellung gerufen; die übrigen Darstellenden trugen alles bei, um den Abend zu einem der genußreichsten zu machen, die man irgend haben kann. Mit alten Bekannten macht man wenig Umstände, sie wissen ja doch von lange her, was sie uns gelten. Aber die Gerechtigkeit fordert, das meisterhafte Spiel der Mad. Löwe herauszuheben, die sich ganz der gewöhnlich nicht genug überlegten Ehre würdig zeigte, *Goethes* Geiste zum Organ zu dienen. Sie kann wohl musterhaft in ihrem Bestreben genannt werden, *nicht mehr*, aber auch das *alles* in ihrer Rolle geben zu wollen, was der Dichter hineingelegt hat. Rauschender Beifall, die Zuhörer nicht weniger ehrend als die Künstlerin, belohnte ihr schönes Hinwirken zum Ganzen. Schließlich sei es mir noch erlaubt, dem Publikum ein Kompliment zu machen über die Art, wie es das Ganze aufnahm und das Einzelne. Ich müßte mich sehr irren, oder Wien steht am Eingange einer schönen Zeit.

2.

(1847)

Ich höre täglich Klagen über das Hofburgtheater. Einesteils berührt mich das nicht viel, denn ich lese, daß man überall in Deutschland über die Theater klagt, so daß es also scheint, das Uebel liege nicht in Lokal- oder Personalverhältnissen, sondern in der Sache selbst, in allgemeinen Mängeln, die, wie man weiß, sich nicht so leicht wegschaffen lassen. Anderseits bin ich zwar kein Besucher der Theater, lese aber häufig die Theaterzettel, wo ich denn sehe, daß Wien noch immer ein Dutzend vortreffliche und dazu noch mehrere ganz gute Schauspieler besitzt, was man von keinem andern Theater in der Welt sagen kann. Was die Wahl der Stücke betrifft, so wird eben aufgeführt, was man überall aufführt, und daß man eines oder das andere nicht aufführt, verdient eher Lob als Tadel. Die künstlerische Leitung dürfte nicht besonders sein, wie bei allen heutigen Theatern, da der Künstlerstolz mit der Künstlerbefähigung in umgekehrtem Verhältnisse steht und ich keinen Schauspieler in Deutschland weiß, der Lust hätte, sich in seinen Anschauungen von irgend jemand beirren zu lassen. Es dürfte der Mühe wert sein, den Gründen dieser Unzufriedenheit näher auf die Spur zu kommen und daher vor allem zu betrachten, von wem diese Klagen ausgehen.

Da stoße ich denn, als auf die lautesten, zuerst auf die Journalisten. Damit hat es nun eine eigene Bewandtnis. In der Regel wird einer nur Journalist, wenn er die traurige Erfahrung gemacht hat, daß es ihm an Fähigkeit in jedem Fache des menschlichen Wissens und Vermögens gebreche. Wer etwas weiß oder kann, der schreibt *etwas* und nicht *über* etwas. Man hilft sich zwar damit, daß man von einem *kritischen* Talente spricht. Damit hat es aber seine guten Wege. Das kritische Talent ist ein Ausfluß des hervorbringenden. Wer selbst etwas machen kann, kann auch das beurteilen, was andere gemacht haben. Die gewöhnliche Kritik zieht sich ihre Regeln aus dem Vorhandenen ab, mit dem es das Neue vergleicht. Nimmt sie nun Meisterstücke zum Maßstabe, so wird sie ungerecht, da Meisterstücke zu verehren, aber nicht zu begehren sind; vergleicht sie aber das Unbedeutende miteinander, so vergißt sie, daß das Unbedeutende und Zufällige auf Millionen verschiedene Art da sein kann und davon Tassos Wort gilt: »*S'ei piace, ei lice*« – Erlaubt ist, was gefällt.

Mit diesem letzteren Satze sind wir auf den Standpunkt des Publikums gekommen; wir wollen vorher aber noch von einer zweiten Klasse sprechen, die sich mit ihren Klagen über das Theater laut macht, und das sind die Dichter. Diese verlangen vom Theater, daß ihre Stücke aufgeführt werden. Sie sind nämlich der Meinung, die Schaubühne sei nur der Dichter willen da, damit diese durch die Aufführung belehrt, gefördert, bekannt und belohnt würden. Die Schaubühne ist aber da, um dem Publikum Kunstgenüsse zu verschaffen. Sind die Stücke der lebenden Dichter gut, d. h. geeignet, dem Publikum einen Kunstgenuß zu verschaffen, so müssen sie aufgeführt, sind sie aber schlecht, so müssen sie ausgeschlossen werden. Da aber heutzutage das dramatische Talent in Deutschland so ziemlich eingeschlafen ist, so hätten kaum ein paar Dichter und diese auch nur für einzelne ihrer Werke das Recht, eine Aufführung anzusprechen. Die Klage der Dichter zeigt sich daher noch ungegründeter als die der Journalisten, weil letztere doch auch die Vergangenheit und das übrige Europa in den Kreis ihrer Forderungen hereinziehen.

Aber auch das Publikum klagt über das Theater. Und das scheint schlimm. Um des Publikums willen ist das Theater da. Das Publikum ist nicht der gesetzkundige Richter, aber die Jury, die ihr Schuldig oder Nicht-schuldig ohne weitere Appellation ausspricht. Damit ist nicht gemeint, als ob das Publikum im großen von der Poesie irgend etwas verstehe, als ob es die Idee des Dichters, die Schwierigkeit der Ausführung, die Mittel, die er angewendet, das Geistreiche der Verknüpfung zu beurteilen im stande wäre, sondern sein Urteil hat nur Geltung über das Faktum: ob er in der Ausführung die allgemeine Menschennatur getroffen, ob er gerührt, wenn er rühren, erheitert, wenn er erheitern, erschüttert, wenn er erschüttern, überzeugt, wenn er überzeugen wollte. Man hat, wenn man sich der Autorität des Publikums unterwirft, wie bei der Jury, nicht die Gesetzkunde, sondern den gesunden Menschenverstand, die richtige Empfindung, vor allem aber die Unbefangenheit beider im Auge. Sollte ein Publikum diese Eigenschaften ganz oder zum Teile eingebüßt haben, so ist es in diesem Augenblicke keine Jury mehr, sondern ein mehr oder weniger unwissender und daher unbrauchbarer Richter; unwissend, weil von einer aus allen Bildungsstufen zusammengesetzten Menge die Kenntnis der Sache nicht vorauszusetzen ist.

Wir hatten in Wien vor fünfzehn oder zwanzig Jahren ein vortreffliches Publikum. Ohne übermäßige Bildung, aber mit praktischem Verstande, richtiger Empfindung und einer erregbaren Einbildungskraft begabt, gab es sich dem Eindrucke unbefangen hin. Das Mittelmäßige gefiel oft, denn die Leute wollten vor allem unterhalten sein, aber nie hat das Gute mißfallen, wenige Fälle von höchst mangelhafter Darstellung ausgenommen.

4.

Zur Musik

(1837.)

Der übelste Dienst, den man in Deutschland den Künsten erweisen konnte, war wohl der, sie sämtlich unter dem Namen »der Kunst« zusammenzufassen. So viel Berührungspunkte sie unter sich allerdings wohl haben, so unendlich verschieden sind sie in den Mitteln, ja in den Grundbedingungen ihrer Ausübung. Am schlimmsten ist hierbei die Musik weggekommen. Den Verfertiger eines Tonwerks »Tondichter« zu heißen, ist nicht um ein Haar vernünftiger, als wenn ich einen Dichter »Wörtermusikant« nennen wollte.

Wenn man den Grundunterschied der Musik und der Dichtkunst schlagend charakterisieren wollte, so müßte man darauf aufmerksam machen, wie die Wirkung der Musik vom Sinnenreiz, vom Nervenspiel beginnt und, nachdem das Gefühl angeregt worden, höchstens in letzter Instanz an das Geistige gelangt, indes die Dichtkunst zuerst den Begriff erweckt, nur durch ihn auf das Gefühl wirkt und als äußerste Stufe der Vollendung oder der Erniedrigung erst das Sinnliche teilnehmen läßt; der Weg beider ist daher gerade der umgekehrte. Die eine Vergeistigung des Körperlichen, die andere Verkörperung des Geistigen. Aus diesem theoretischen Unterschiede ergibt sich nun aber ein wichtiger praktischer, in Bezug auf den Gebrauch des Häßlichen nämlich. Die Poesie darf das Häßliche (Unschöne) schon einigermaßen freigebig anwenden. Denn da die Wirkung der Poesie nur durch das Medium der unmittelbar von ihr erweckten Begriffe an das Gefühl gelangt, so wird die

Vorstellung der Zweckmäßigkeit den Eindruck des Häßlichen (Unschönen) von vornherein insoweit mildern, daß es als Reizmittel und Gegensatz sogar die höchste Wirkung hervorbringen kann. Der Eindruck der Musik aber wird unmittelbar vom Sinn empfangen und genossen, die Billigung des Verstandes kommt zu spät, um die Störungen des Mißfälligen wieder auszugleichen. Daher darf Shakespeare bis zum Gräßlichen gehen, Mozarts Grenze war das Schöne.

(1822.)

Drei Hauptunterschiede im Wesen der Musik und Poesie müssen notwendig auch eine große Verschiedenheit in den Gesetzen ihrer beiderseitigen Hervorbringungen veranlassen. Diese sind:

Erstens, daß eine Verbindung von Tönen gefallen, ja sogar auf das Gemüt wirken kann, ohne daß man sich etwas dadurch Ausgedrücktes dabei bestimmt zu denken braucht, was bei Worten nicht der Fall ist, die immer nur durch ihren Sinn wirken.

Zweitens, daß die Worte zunächst auf den Verstand und höchstens durch ihn auf die Sinne, die Töne aber zunächst auf die Sinne und nur durch sie und höchst entfernt auf den Verstand wirken.

Drittens, daß Töne nur höchst allgemein und vag bezeichnen, und zwar fast allein Gefühle, nie Sachen; indes das Wort mit der Schärfe des Begriffes bezeichnet. Ich möchte ein Gegenstück zu Lessings Laokoon: über die Grenzen der Musik und Poesie schreiben.

Der oft gebrauchte Satz: die Musik ist eine Poesie in Tönen, ist ebensowenig wahr, als es der entgegengesetzte sein würde: Die Poesie ist eine Musik in Worten. Der Unterschied dieser beiden Künste liegt nicht bloß in ihren Mitteln; er liegt in den ersten Gründen ihres Wesens.

(1820.)

Vergißt man denn immer bei Vergleichung der Poesie mit Worten und mit Tönen (Dichtkunst und Musik), daß das Wort bloß Zeichen, der Ton aber, nebstdem, daß er ein Zeichen, auch eine Sache ist?

(1819.)

Ein Gegenstück zu schreiben zu Lessings Laokoon: Rossini, oder über die Grenzen der Musik und Poesie.

Es müßte darin gezeigt werden, wie unsinnig es sei, die Musik bei der Oper zur bloßen Sklavin der Poesie zu machen und zu verlangen, daß erstere, mit Verleugnung ihrer eigentümlichen Wirksamkeit, sich darauf beschränke, der Poesie unvollkommen nachzulallen mit ihren Tönen, was diese deutlich spricht mit ihren Begriffen.

Es müßte aufmerksam darauf gemacht werden, um wieviel und worin der Kreis der Musik weiter ist und worin enger; wie verschieden die Art ihrer Wirkung ist, bei der Musik zuerst als Sinn- und Nervenreiz, nur mittelbar den Verstand berührend; bei der Poesie erst durch das Medium des Verstandes auf das Gemüt wirkend. Wie die Musik als eine für sich bestehende Kunst ihre eigenen, an Regeln gebundenen und in ihrer eigenen Wesenheit gegründeten Bedingungen habe, die sie niemanden, auch der Poesie zuliebe nicht, aufgeben kann und darf; daß sie, wenn sie ein Thema aufgefaßt hat, es organisch ausbilden und zu Ende führen muß, die Poesie mag auch dagegen einwenden, was sie will. (Hier darauf hingedeutet, wie selbst die größten, ja darunter die denkendsten Tonsetzer in ihren Opern das vielmalige Wiederholen einzelner Worte und Sätze, ja oft ganzer Stellen, zum großen Skandal der Dichter, nicht aufgeben wollen.) Als Grundsatz gelte: Keine Oper solle vom Gesichtspunkte der Poesie betrachtet werden – von diesem aus ist jede dramatisch-musikalische Komposition Unsinn – sondern vom Gesichtspunkte der Musik: als ein musikalisches Bild mit darunter geschriebenem, erklärendem Texte. Ballettmusik wäre eigentlich der Triumph der Tonkunst, wenn sie einmal aus sich herausgeht, vorausgesetzt, daß wir nämlich eigentliche Ballette hätten und nicht Gauklersprünge.

(1825.)

Die Poesie will den Geist verkörpern, die Musik das Sinnliche vergeistigen. Darin liegt beider Wesen und der Grund ihrer Verschiedenheit. Seiner Basis kann aber nichts Fortschreitendes ungestraft untreu werden, darum auch nie die Poesie dem Begriff, und die Musik nie dem Sinne.

(1822)

Philipp V. ließ sich von Farinelli durch 40 Jahre täglich vor dem Schlafengehen ein und dieselbe Arie vorsingen. Das hat für mich gar nichts Unbegreifliches.

(1819-1820)

Manche Eindrücke des Geruchsinns haben mit denen des Gehörs (wenn es in einzelnen, gehaltenen Tönen affiziert wird) eine auffallende Aehnlichkeit hinsichtlich der Art ihrer Wirkung auf das Gemüt (nämlich unmittelbar als Nervenreiz).

(1822)

Betrachtung der ersten Elemente, die in der Musik zum Ausdruck der Leidenschaft und Empfindung liegen. Das Laute und Leise. Das Wohlklingende, das ganz oder zum Teil Uebelklingende, das Schnelle, das Langsame der Bewegung nach. Das Gebundene, *ligato*, das Abgestoßene, *staccato*, das Weiche, das Harte (*moll* und *dur*), das Lang- und Kurzwährende (der Dauer des Ganzen nach), das Leichtsichentwickelnde, das Gehemmte und sich selbst Hemmende, das mit leicht erkennbarem Takt, das scheinbar Taktlose. Die eigentümliche Natur der vier Stimmen: Sopran, Alt, Tenor, Baß; das Eigentümliche der Instrumente, das Solo, das Tutti; der ungezierte Ton, die Koloratur; das Ausharren im Grundton, die Ausweichung. Die Vorbereitung, der Sprung. Die Bewegung nach aufwärts oder nach abwärts. Das *più mosso*, das *ritardando*, die Pause, die Fermate, das *inganno*. Die Farbe der Tonart Dur oder Moll, die Taktart zwei- oder dreigeteilt, die Wiederholung mit oder ohne Veränderung.

(1820–1821)

Wenn man über den Unterschied der französischen und italienischen Opernmusik urteilen will und über das Charakteristische und Nichtcharakteristische, das in ihnen herrscht, so muß man sich vor allem auf den Standpunkt setzen, von dem aus beide Nationen das Verhältnis des Textes zur Musik betrachten. Dem Franzosen soll die Musik die Wirkung der Worte verstärken, weshalb er auch auf seine Opernbücher viel Fleiß verwendet und der Wert oder Unwert des Gedichtes mehr als zur Hälfte sein Urteil über die Oper bestimmt; dem Italiener gelten die Worte kaum mehr, als eine Ueberschrift über das Tongemälde des Komponisten, weshalb auch ihre Bücher schlecht und bloß darauf berechnet sind, dem Tonsetzer Gelegenheit zu effektvollen Musikstücken zu geben.

(1821)

Es wird keinem Opernkompositeur leichter sein, genau auf die Worte des Textes zu setzen, als dem, der seine Musik mechanisch zusammensetzt: da hingegen der, dessen Musik ein organisches Leben, eine in sich selbst gegründete innere Notwendigkeit hat, leicht mit den Worten in Kollision kömmt. Jedes eigentlich melodische Thema hat nämlich sein inneres Gesetz der Bildung und Entwicklung, das dem eigentlich musikalischen Genie heilig und unantastbar ist, und das er den Worten zu Gefallen nicht aufgeben kann. Der musikalische Prosaist kann überall anfangen und überall aufhören, weil Stücke und Teile sich leicht versetzen und anders ordnen lassen; wer aber Sinn für ein Ganzes hat, kann es nur entweder ganz geben, oder ganz bleiben lassen. Das soll nicht der Vernachlässigung des Textes das Wort reden, sondern sie nur in einzelnen Fällen entschuldigen, ja rechtfertigen. Daher ist Rossinis kindisches Getändel doch mehr wert als Mosels prosaische Verstandesnachäffung, welche das Wesen der Musik zerreißt, um den hohlen Worten des Dichters nachzustottern: daher kann man Mozarten häufig Verstöße gegen den Text vorwerfen, Glucken nie; daher ist das so gepriesene Charakteristische der Musik häufig ein sehr negatives Verdienst, das sich meistens darauf beschränkt, daß die Freude durch Nichttraurigkeit, der Schmerz durch Nichtlustigkeit, die Milde durch Nichthärte und der Zorn durch Nichtmilde, die Liebe durch Flöten und die Verzweiflung durch Trompeten und Pauken mit obligaten Kontrabässen ausgedrückt wird. Der Situation muß der Tonsetzer treu bleiben, den Worten nicht – wenn er bessere in seiner Musik findet, so mag er immer die des Textes übergehen. Dies führt wieder auf den schon öfter bemerkten Unterschied zwischen Singspiel und Oper. Im erstem (wozu fast alle Opern des wahrhaft großen Gluck gehören) dient die Musik dem Text, in der zweiten ist der Text die Unterschrift des musikalischen Bildes.

(1821)

Wäre die Musik in der Oper nur da, um das noch einmal auszudrücken, was der Dichter schon ausgedrückt hat, dann laßt mir die Töne weg, ich will die Worte des Dichters allein lesen, denn die

Musikbegleitung wäre in diesem Falle denn doch nur ein Kunststück, ein Gauklerversuch, mit andern, scheinbar unzureichenden Darstellungsmitteln das zu erreichen, was der andre leichter, verständlicher und genügender schon erreicht hat. Oder soll dadurch der Eindruck des Gedichtes verstärkt werden? Das mag bei Gedichten gelten, die keine sind, wie z. B. bei italienischen Operntexten; aber dann enthaltet euch von eigentlichen Dichterwerken und hört auf, zu klagen, daß nur schlechte Dichter euch Textbücher machen wollen. Aber das alles ist's nicht. Sämtliche Künste, wenngleich aus gemeinschaftlicher Wurzel entsprossen, sind streng geteilt in ihren Gipfeln, Wo die Poesie aufhört, fängt die Musik an. Wo der Dichter keine Worte mehr findet, da soll der Musiker mit seinen Tönen eintreten. Wer deine Kraft kennt, Melodie! die du, ohne der Worterklärung eines Begriffs zu bedürfen, unmittelbar aus dem Himmel, durch die Brust wieder zum Himmel zurückziehst, wer deine Kraft kennt, wird die Musik nicht zur Nachtreterin der Poesie machen: er mag der letztern den Vorrang geben – und ich glaube, sie verdient ihn auch, wie ihn das Mannesalter verdient vor der Kindheit – aber er wird auch der erstern ihr eigenes, unabhängiges Reich zugestehn und beide wie Geschwister betrachten und nicht wie Herrn und Knecht, oder auch nur wie Vormund und Mündel.

(1821.)

Die von einer Oper eine rein dramatische Wirkung fordern, sind gewöhnlich jene, die dagegen auch von einem dramatischen Gedichte eine musikalische Wirkung begehren (d. i. Wirkung mit blinder Gewalt).

(1857.)

Es heißt, man will die Instrumentalmusik in den Kirchen verbieten. Damit ist erstens das Todesurteil über die Musik ausgesprochen, die einzige geistige Bestrebung, in der Oestreich noch bis vor kurzem in der Welt einen Rang eingenommen hat. Die ausübenden Musiker werden ihren Unterhalt verlieren; die Dorfschulmeister werden sich nicht mehr mit den Regeln des Satzes und der Begleitung beschäftigen, der katholische Süden wird musikalisch mit dem protestantischen Norden in eine Reihe treten. Ja, aber der Papst ist gegen die Instrumentalmusik in den Kirchen! Der Papst, dessen Ansehen in Glaubenssachen allerdings entscheidend ist, kennt die deutsche Kirchenmusik nicht, er kennt nur die italienische, die Opernarien und Militärmärsche während der heiligen Handlung spielt und dadurch allerdings revoltant wird. In Deutschland hat man einen Kirchenstil, der in seiner größern oder mindern Strenge dem Ohr der großen Masse nicht sehr schmeichelt, und wenn in den Hauptstädten wohl ein Teil der sogenannten Musikkenner vielleicht nur der Musik wegen in den Gottesdienst geht, so fühlt dagegen in den kleinern Orten der schlichte Einwohner sich durch die Musik nicht zerstreut, vielmehr gesammelt, erhoben und in seiner Andacht unterstützt. Ihr wollt die Musik wegnehmen? Warum nicht auch die Bilder? Warum nicht die Pracht in der Ausschmückung der Kirchen, der Gewänder und Aufzüge? Warum nicht so manche fromme Ceremonie, denen von den Andersgläubigen etwas Dramatisches, ja Theatralisches vorgeworfen wird? Entkleidet den Katholizismus nicht seiner Kunstgewänder, der Protestantismus ist nackt.

(1822.)

Merkwürdig ist die große Vorliebe Napoleons für die Musik. Große Orchestermusik aber mißfiel ihm. Nebst der militärischen, die ihm wahrscheinlich die sie begleitenden Erinnerungen lieb machten, zog er sanfte Musik, italienischen Gesang allem andern vor. Dann schien er sich ganz dem Genuß zu überlassen; aber diese Musik mußte immer gleichsam von *einer* Farbe sein; kein Instrument durfte vorherrschen und kein Forte vorkommen. »Meine Herren, ich will nur einen Tonhauch,« sagte er oft. Ein sanfter Ton hatte überhaupt einen großen Reiz für ihn, und eine Person, deren Stimme seinem Ohr schmeichelte, mißfiel ihm selten. Wenn aber ein Name übel lautete, so kauete er ihn gleichsam zwischen den Zähnen und sprach ihn niemals gehörig aus. *(Memoiren Josephinens.)*

Ueberhaupt mögen wohl alle bedeutenden Menschen die sanfte und somit die italienische Musik jeder andern vorgezogen haben. Leute, die zu denken im stande sind, mögen dafür aber über nichts denken, als wo etwas des Denkens Wertes dabei herauskommt. Sie suchen die Musik als ein Besänftigungsmittel; Thoren lieben zusammengesetzte Musik zur Erregung.

(1822.)

Sind die Molltonarten nicht die Weiber der Musik? die sich von ihrem Vater (der Durtonart, von der sie entstanden) trennen und die Vorzeichnung ihres Gatten (der Durtonart ihrer nächsten Verwandtschaft) annehmen!

(1825.)

Ist diese wohltemperierte Stimmung der neuern Musik nicht wie ein wohltemperierter Staat? Die armen einzelnen Terzen und Quinten müssen so viel ab- und zugeben, damit nur das Ganze einen irgend erträglichen Zusammenklang erhält! Was werden die interessanten Kinder alltäglich, wenn sie, als Erwachsene, unter dem Stimmhammer der geselligen Verhältnisse durchgegangen sind! Arme zweite Stufe mit deinen verstümmelten Gliedmaßen; noch ärmere siebente, über deine gerädete Quint! Ist denn nur das im Menschen etwas, was dem andern nützt? Ist denn nicht jede Realität ein Vorzug?

(1817.)

Wenn eine Violinsaite gestrichen wird, so klingen die Saiten einer daneben liegenden unberührten Geige mit. Wie, wenn ein ähnliches Nachleben unserer Nerven Ursache an der so großen Wirkung der Musik wäre? Bei mir wenigstens liegt gewiß so etwas zu Grunde: denn ich darf nur einen Ton hören, ohne noch Melodie zu unterscheiden, so gerat schon mein ganzes Wesen in eine zitternde Bewegung, deren ich nicht Herr werden kann.

(1832.)

Lablache sang als Knabe Alt. Bei der Aufführung von Mozarts Requiem, bei dem er, damals 15 Jahre alt, mitwirkte, waren die Alte sehr schwach besetzt und Lablache strengte seine Stimme ungeheuer an, das Mißverhältnis auszugleichen. Das Requiem vorüber, hatte er alle Stimme verloren, selbst sprechen konnte er kaum. Das dauerte zwei Monate. Endlich eines Morgens erwacht er mit anhaltendem Husten und spricht, singt einen vollkommenen, sonoren Baß.

(1820.)

Drieberg in seiner » *Musik der Griechen*« hält die Lyra für ein bloß ideales Instrument, das mit seinen 3, 4, oder 7 und 8 Saiten als solches nie existiert habe. Aber, alles andere unberücksichtigt, reicht die einzige von ihm selbst angeführte Anekdote von dem spartanischen Ephor, der dem Timotheus bei dem Wettkampf, indem er ihm ein Messer reichte, befahl, die von ihm erfundenen Saiten von dem Instrument abzuschneiden; – diese einzige Anekdote reicht hin, diese Meinung zu widerlegen und die Wirklichkeit der Lyra, als ein bestimmtes musikalisches Instrument, zu beweisen. Ferner: wenn sie auch unmöglich ein melodisches Instrument sein konnte, war sie nicht vielleicht ein harmonisches, d. h. bloß gebraucht, um die Stimme zu unterstützen, dieser die feststehenden Töne, die sich in allen drei Tongeschlechtern gleich blieben, anzugeben; mit einem Wort, mehr das Instrument des Direktors oder des Gesangaccompagnierenden, als des eigentlichen Tonkünstlers, Virtuosen? Auf diese Art verschwände das scheinbar Widersinnige ihrer Besaitung und Stimmung.

(1822.)

Es ist nur zu offenbar, daß die Musik als für sich bestehende Kunst bei den Griechen eigentlich gar nicht existierte, sondern immer nur als Begleiterin der Poesie erschien. Das zeigt unter anderm auch schon die dürftige Besaitung und die sonderbare Stimmung ihres Hauptinstrumentes, der Lyra. Es ist schlechterdings nicht möglich, daß mit der Stimmung auf die enharmonische Skala irgend eine für menschliche Ohren hörbare, selbständige Melodie hätte können hervorgebracht werden; wohl aber konnte gerade diese sonderbare Stimmung dienen, zur Unterstützung des Singenden die schwersten Töne des gewählten Modus anzugeben und so der Intonation zum Leitfaden zu werden. Dasselbe beweist der Mangel an aller Taktbezeichnung, wozu lediglich die Länge und Kürze der Silben des Textes dienen mußten. Wenn in späterer Zeit auch Musik ohne Worte vorkommt, so war es immer nur die für sich allein gespielte Melodie eines bekannten Liedes, wo nur für den Augenblick die Worte weggelassen wurden. So war der Kriegsmarsch der Spartaner die Melodie zu einem Hymnus an den Kastor. Die Musik als selbständige Kunst ist daher gänzlich für eine Erfindung der Neuern zu halten, und das ist auch das Einzige, was sie in Künsten vor den Alten voraus haben.

(1822)

Wie, wenn ein Teil unserer Irrtümer über die griechische Musik daher entstünde, daß man auf ihre Art, die Intervallen zu berechnen, nicht genug acht gegeben hätte? Es scheint, daß die Besaitung ihrer Leier nicht, wie unsere Geige oder Guitarre, mit der tiefsten Chorde anfing, sondern wie unsere Harfe mit der höchsten, daher auch der Name der ersten (vom Körper des Spielenden an gerechnet), die Höchste, sowie der entferntesten, die Letzte. Ist es nun so, so zählten sie ihre Intervalle nicht aufwärts, wie wir, sondern abwärts, und ihr ist eine Unterquarte, d.i. eigentliche Quinte. Daß ihnen die Terz keine Konsonanz war, ist natürlich, weil die untere Terz mit der Sekunde zusammenfällt, die eine Dissonanz ist.

(1836 – 1838)

Der Text zur Schöpfung war eigentlich von van Swieten für Mozart geschrieben. Als er ihn in der Folge Haydn zur Komposition übergab, ließ van Swieten, ein großer Musikkenner, sich jedes Musikstück, sowie es fertig ward, mit kleinem Orchester vorprobieren. Vieles verwarf er, als für den großen Stoff zu kleinlich. Haydn fügte sich gern, und so kam jenes erstaunliche Werk zu stande, das die kommenden Zeiten noch bewundern werden. Alles dies habe ich aus dem Munde eines wohlunterrichteten Zeitgenossen, der bei jenen ersten Teilproben selbst mitwirkte.

(1822)

Wenn der Text der Oper Don Juan, die Mozart komponiert hat, unmittelbar, wie nicht zu zweifeln, aus Molières *Festin de pierre* gezogen ist, so kann man der Kunst des Bearbeiters, seiner Kenntnis dessen, was zur Oper gehört, und tiefen Einsicht in das Wesen der Musik, nicht genug Gerechtigkeit widerfahren lassen. Die Bearbeitung ist ein Muster für alle ähnlichen, und Kind hätte wohlgethan, sie sich bei seinem Freischütz zum Muster zu nehmen.

(1843)

Wer die Arien der Constanze in der Entführung hört, merkt, daß Mozart in seinem Anfange dem Punkte näher stand, auf dem Beethoven aufhörte. Die Empfindung herrscht noch vor über die Form. Mit zunehmender Reife aber lernte er, ohne Schaden für die Empfindung, sie der Form unterzuordnen, sie zu gestalten, was Beethoven immer mehr verlernt hat.

(1849)

Ein Umstand, den Ulibischeff in seiner Biographie Mozarts und zur Bestätigung der Meinung, daß auch die letzten Nummern des Requiems im wesentlichen von Mozart herrühren, außer acht gelassen hat, ist, daß *unmittelbar* nach Mozarts Tode das *vollständige* Requiem dem Besteller übergeben und kaum vierzehn Tage nach Mozarts Tode in Wiener-Neustadt probiert und aufgeführt wurde. Wenn man nun auch Süßmaner die Fähigkeit zutraut, die fehlenden Stücke des Meisterwerks ergänzend hinzu zu komponieren, so wird es ihm doch nicht so leicht geworden sein, um die Arbeit in ein paar Tagen zu vollenden. Er hat also entweder mozartische Gedanken in jenen nachgelassenen »Papierstreifen« schon beinahe ausgeführt vorgefunden, oder noch in Mozarts letzten Tagen und unter seiner Direktion das Fehlende suppliert.

(1834)

Beethovens nachteilige Wirkungen auf die Kunstwelt, ungeachtet seines hohen nicht genug zu schätzenden Wertes:

1. Leidet das erste und Haupterfordernis eines Musikers, die Feinheit und Richtigkeit des Ohrs, unter seinen gewagten Zusammensetzungen und dem nur gar zu oft eingemischten Tongeheul und Gebrüll.
2. Durch seine überlyrischen Sprünge erweitert sich der Begriff von Ordnung und Zusammenhang eines musikalischen Stückes so sehr, daß er am Ende für alles Zusammenfassen zu lose sein wird.
3. Macht sein häufiges Uebertreten der Regeln diese als entbehrlich scheinend, indes sie doch die Aussprüche des gesunden, unbefangenen Sinnes, und als solche unschätzbar sind.
4. Substituiert die Vorliebe für ihn dem Schönheitssinne immer mehr den Sinn für das Interessante, Starke, Erschütternde, Trunkenmachende: ein Tausch, bei dem, von allen Künsten, gerade die Musik am übelsten fährt.

Theaterkritiken

1.

Der Freischütz, Oper von Maria Weber

(1821)

Der Tonsetzer gehört offenbar ein wenig in die Klasse derjenigen, die den Unterschied zwischen Poesie und Musik, zwischen Worten und Tönen verkennen. Die Musik hat keine Worte, d.h. *willkürliche* Zeichen, die eine Bedeutung erst durch das erhalten, was man damit bezeichnet. Der Ton ist, nebstdem daß er ein *Zeichen* sein kann, auch noch eine *Sache*. Eine Reihe von Tönen gefällt, so wie eine gewisse Form in den plastischen Künsten, ohne daß man noch eine bestimmte Darstellung damit verbunden hätte; ein Mißton mißfallt, wie das Häßliche in der Plastik, schon rein physisch, ohne weitere Verstandesbezeichnung. Wenn die Wirkung der Worte auf den Verstand und erst durch diesen auf das Gefühl geschieht, indes die Sinne dabei eine nur dienende Rolle spielen; so wirkt die bildende und die Tonkunst unmittelbar auf die Sinne, durch diese auf das Gefühl und der Verstand nimmt erst in letzter Instanz an dem Gesamteindrucke teil. Diese Betrachtung hat auch in der bildenden Kunst die größten Kenner, worunter man nur Mengs, Lessing und Goethe zu nennen braucht, dazu geführt, die Schönheit der Form als unerläßliches, ja als höchstes Gesetz für sie aufzustellen.

Was von der bildenden Kunst gilt, gilt in noch viel höherm Grade von der Musik. Ihre erste unmittelbare Wirkung ist Sinn- und Nervenreiz; weshalb ihr auch Kant (für jeden Fall nach seinen Voraussetzungen richtig) den Platz viel tiefer als den übrigen schönen Künsten anweist; weil nämlich ihre Wirkung so überwiegend physisch ist, daß der Verstand, dessen mögliche regulative Mitwirkung Kant als das Kriterium jeder schönen Kunst betrachtet, nur einen höchst untergeordneten Einfluß auf das Gefühl der Lust und Unlust dabei nehmen kann. Wenn nun auch Kant hierin zu weit gegangen ist, so bleiben doch die Thatsachen richtig, von denen er ausging. Der Gehörssinn, der beim Hören von Worten ein Diener des Verstandes ist, entzieht sich bei Tönen offenbar zum Teil seiner Herrschaft und erhält in der Unmittelbarkeit der Wirkung eine Aehnlichkeit mit den niedern Sinnen, eine Aehnlichkeit, die z.B. beim

Hören entfernter, indistinkter Waldhorntöne überraschend hervortritt. Daß aber auf die niedern Sinne, so süß sie auch sein mögen, ja so sehr sie auch einer Beziehung und Bedeutung empfänglich sein mögen, keine freie, keine schöne Kunst gebaut werden könne, ist allgemein bekannt und angenommen.

So sind die Töne in ihrer ersten ursprünglichen Bedeutung: unmittelbar durch sich selbst, ohne notwendige Dazwischenkunft des Verstandes gefallende oder mißfallende Sinneneindrücke. Selbst bei der künstlichen Zusammensetzung von Intervallen bleibt das Urteil darüber noch immer ein reines Sinnenurteil, weil sich die spitzfindigste Intervallentheorie doch immer nur auf das, in der natürlichen Einrichtung unsers Gehörorgans gegründete Wohl- oder Uebelklingen stützen kann.

Schreitet man in der Betrachtung der Töne und ihrer Verbindungen weiter fort, so zeigt sich bald eine neue Seite, welche die zu einer schönen Kunst notwendige Verbindung mit dem Verstande wirklich herstellt und eine Musik als Kunst möglich macht. Nebstdem nämlich, daß die Töne an sich gefallen oder mißfallen, lehrt uns auch das Bewußtsein, daß durch sie besondere Gemütszustände erweckt werden, zu deren Bezeichnung sie daher auch gebraucht werden können. Freude und Wehmut, Sehnsucht und Liebe haben ihre Töne, ja sogar der Schmerz, der Schreck, der Zorn ihre Laute, welche zu Tönen zu veredeln wenigstens nicht unmöglich ist. Wenn nun hierdurch auch die Bezeichnungsfähigkeit der Musik gerettet ist, so darf man zweierlei nicht vergessen. Erstens, daß diese Bezeichnung keine genau bestimmende wie durch Begriffe und die dazu gehörigen Worte ist; zweitens, daß die ursprüngliche, reinsinnliche Natur der Töne durch keine später hinzukommende Erweiterung der Bedeutung ganz aufgehoben werden kann, d.h., daß bei aller Musik, auch in ihrer höchsten Verfeinerung, immer der Sinn den ersten Eindruck empfängt, daß dieser Eindruck ein heftig wirkender, oft beinah unwiderstehlicher ist und daß daher bei der ziemlich vagen Bezeichnungsfähigkeit der Musik der nur entfernt wirkende Verstand nicht fähig ist, durch seine Billigung unangenehme Eindrücke auszugleichen, welche die Sinne mit überwiegender Gewalt empfangen haben.

Was erstens die Bezeichnungsfähigkeit der Musik betrifft, so bin ich erbötig, bei jeder beliebigen Opernarie Mozarts, des unstreitig größten aller Tonsetzer, die Worte durchaus, ja sogar den Modus der Empfindung zu ändern, ohne daß jemand, der das Musikstück nun zum erstenmale hört, daran ein Arges haben und es weniger bewundern soll. Oder noch schlagender, da man die Möglichkeit eines solchen Versuches geradezu leugnen wird. Man nehme die charakteristischste Sinfonie Beethovens, und lasse von zehn geistreichen, in der Musik und Poesie erfahrenen Männern einen passenden Text darunter setzen und erstaune dann, was für Verschiedenheiten sich da zeigen werden. Ja vielmehr ist eben dies das unterscheidende Kennzeichen der Musik vor allen Künsten, daß in ihr Sinfonien, Sonaten, Konzerte möglich sind, Kunstwerke nämlich, die, ohne etwas Genaubestimmtes zu bezeichnen, rein durch ihre innere Konstruktion und die sie begleitenden *dunkeln Gefühle* gefallen. Gerade diese *dunkeln Gefühle* nun sind das eigentliche Gebiet der Musik. Hierin muß ihr die Poesie nachstehen. Wo Worte nicht mehr hinreichen, sprechen die Töne. Was Gestalten nicht auszudrücken vermögen, malt ein Laut. Die sprachlose Sehnsucht; das schweigende Verlangen; der Liebe Wünsche; die Wehmut, die einen Gegenstand sucht und zittert, ihn zu finden in sich selbst; der Glaube, der sich aufschwingt; das Gebet, das lallt und stammelt: alles was höher geht und tiefer als Worte gehen können, das gehört der Musik an; da ist sie unerreicht, in allem andern steht sie ihren Schwesterkünsten nach.

Was folgt nun aus dem allen? wird man fragen. Soll Musik aufhören, bezeichnend sein zu wollen? Soll sie in der Oper nicht streng dem Text folgen? Soll sie nicht streben, den Verstand zu befriedigen? Es folgt daraus, daß die Musik vor allem streben soll, das zu erreichen, was ihr erreichbar ist; daß sie nicht, um mit den Begriffen der Redekünste einen Wettstreit in der genauen Bezeichnung zu beginnen, das aufgeben soll, worin sie allen Redekünsten überlegen ist; daß sie nicht streben müsse, aus Tönen Worte zu machen; daß sie, wie jede Kunst, aufhöre Kunst zu sein, wenn sie aus der in ihrer Natur gegründeten Form herausgeht, welche Form im Wohllaut liegt bei der Musik, wie in der Wohlgestalt bei aller bildenden Kunst; daß, so wie der Dichter ein Thor ist, der in seinen Versen den Musiker im Klang erreichen will, ebenso der Musiker ein Verrückter ist, der mit seinen Tönen dem Dichter an Bestimmtheit des Ausdruckes es gleich thun will; daß Mozart der größte Tonsetzer ist und Maria Weber – nicht der größte ...

2.

Euryanthe, Oper von K. M. Weber.

(1823.)

Was ich schon bei Erscheinung des Freischützen geahndet hatte, scheint sich nunmehr zu bestätigen. Weber ist allerdings ein poetischer Kopf, aber kein Musiker. Keine Spur von Melodie, nicht etwa bloß von gefälliger, sondern von Melodie überhaupt. (Ich nenne aber Melodie einen organisch verbundenen Satz, dessen einzelne Teile einander musikalisch-notwendig bedingen.) Abgerissene Gedanken, bloß durch den Text zusammengehalten und ohne innere (musikalische) Konsequenz. Keine Erfindung, selbst die Behandlung ohne Originalität. Gänzlicher Mangel an Anordnung und Kolorit. Der romantisch-leichte Stoff beschwert und herabgezogen, daß man sich bang und ängstlich fühlen muß. Kein lichter Moment ausgespart, das Ganze in einem Tone düster und trübselig gehalten. Ich sehe in diesem Kompositeur einen musikalischen Adolf Müllner. Beide traten glänzend auf, indem sie, erst im spätern Mannesalter beginnend, die kärgliche Poesie ihres ganzen frühern Lebens, durch einen treibenden Stoff gehoben, in einer knallenden Feuerwerkfronte abbrannten (Schuld, Freischütz). Beide Männer von scharfem Verstände, mit mannigfachen Talenten, beide von ihrem eigenen Werte und dem ihrer Hervorbringungen innigst überzeugt, beide Theoriemänner und daher auch Unkünstler, beide sich hinneigend zur Kritik. Kritik wird das Ende Webers sein, wie es Müllners Ende war. So wie er in der Meinung sinkt, wird er suchen jene herabzuziehen, die noch in der Meinung stehen, und zwar, wie Müllner, ohne sich dabei der bösen Absicht bewußt zu sein. Gott gebe, daß ich irre, und verzeihe mir, wenn ich es thue. Gestern wieder in der Euryanthe gewesen. Diese Musik ist *scheußlich*. Dieses Umkehren des Wohllautes, dieses Notzüchtigen des Schönen würde in den guten Zeiten Griechenlands mit Strafen von Seite des Staates belegt worden sein. Solche Musik ist *polizeiwidrig*, sie würde Unmenschen bilden, wenn es möglich wäre, daß sie nach und nach allgemeinen Eingang finden könnte. Als ich die Oper zum erstenmale hörte, half ich mir über die ärgsten Stellen durch Unaufmerksamkeit weg. Gestern ließ mich der Wunsch, dem Tonsetzer nicht unrecht zu thun, genau achtgeben. Anfangs ging es ganz leidlich; teils ist der Eingang weniger verschroben, teils war die Kraft zu dulden in mir noch ungeschwächt, aber von Stufe zu Stufe stieg das innere Grausen und ging zuletzt bis zur körperlichen Uebelkeit. Wenn ich am Schluß des zweiten Aufzuges nicht das Theater verließ, hätte man mich im Verlauf des dritten vielleicht hinaus *tragen* müssen. Diese Oper kann nur Narren gefallen, oder Blödsinnigen oder Gelehrten, oder Straßenräubern und Meuchelmördern.

3.
Robert der Teufel von Meyerbeer.

(31. August 1833)

Aufführung der Oper: Robert der Teufel im Theater am Kärntnerthor.

Die Aufmerksamkeit des Publikums war seit lange auf diese Vorstellung gerichtet. Es hatten sich geradezu zwei Parteien gebildet, die nach ihrer Vorliebe oder Abneigung die verschiedenartigsten Ergebnisse im Vergleich mit der Aufführung derselben Oper im Theater in der Josephstadt voraussagten. Der Erfolg hat wunderbarerweise den Erwartungen beider Teile entsprochen. Indes die gewöhnlichen Besucher des Kärntnerthortheaters in der Leistung dieses Abends alles dasjenige fanden, was man von einer reich dotierten, in gutem fundus instructus befindlichen Anstalt mit Recht erwarten darf, bemerkten auf der andern Seite die Freunde der Josephstädter-Darstellungen, daß sie von dem Anteile, den sie ihren dortigen Lieblingen geschenkt hatten, nicht das mindeste abzuziehen brauchten; ja ihre Achtung für die Leistungen und die Leitung jenes Theaters wurde selbst durch jene Partien nur noch vermehrt, wo sie der reich geschmückten Stadtdame den Vorzug vor der schlichten Vorstädten« ehrlich einräumen mußten.

Es liegt außer meiner Absicht, hier von dem Werte der musikalischen Komposition zu sprechen, die, alle andern Vorzüge abgerechnet, mindestens den hat, daß sie – aus der Feder eines Deutschen geflossen – von jener neudeutschen Ansicht abgeht, welche die Aufgabe der Oper lediglich in der öden, musikalischen Instrumentierung eines Textes sieht und findet. Vorderhand soll nur die Darstellung besprochen werden, und zwar die erste Vorstellung des Kärntnerthortheaters mit der eisten Vorstellung in der Josephstadt verglichen, welche letztere – was nicht zur Ehre des dortigen Personals gereicht – von allen Wiederholungen, die ich später daselbst sah, bei weitem die beste war.

Was nun vor allem den Hebel des Ganzen, die Rolle des Bertram, betrifft, so hat mich Herr Staudigl doppelt überrascht. Einmal hinsichtlich des Spiels. Wenn ich mir Pöcks klassische Ruhe, seine edle Haltung vor die Augen brachte, wie er, ohne die reinste Linie des Schönen zu verletzen, doch alle die schauerliche Wirkung seiner Rolle hervorbringt und sich dadurch zum leuchtenden Mittelpunkt des Ganzen machte, so mußte ich für jeden Nachahmer verzweifeln. Herr Staudigl hat aber nicht nachgeahmt. Die Art, wie er seine Rolle auffaßte, gehört zwar einer minderen Region an, es ist die Art, wie das böse Prinzip gewöhnlich dargestellt zu werden pflegt; auch war er von vornherein sichtlich befangen und unscheinbar. In der Folge hob er sich aber und verdiente in den prägnanten Stellen der letzten Akte allen Beifall; ja er gab einer Stelle (der Beschwörungsarie) ein Relief, das sie in Pöcks Darstellung nicht hatte.

Die zweite Ueberraschung oder vielmehr Täuschung war sein Gesang. Wenn niemand in Deutschland Herrn Staudigls Sarastro und Priester in Norma erreichen wird, so dürfte dafür in halb Europa kein Gegenbild zu Pöcks metallreicher, herzbeschleichender Seelenstimme gefunden werden. Es gibt edle Naturen in der Kunstwelt, wie in der sittlichen. Man kann sie durch Bemühung teilweise überbieten, im ganzen aber nie erreichen. Hier war der Darsteller des Stadttheaters von vornherein im Nachteile. Aber so farb- und klanglos hatten Staudigls Bewunderer, unter die auch ich gehöre, sich ihn nicht gedacht. Er schadete sich noch dadurch, daß er, um den Umfang seiner Stimme geltend zu machen, tiefe Töne hineinzog, an denen die Tiefe bemerklicher war, als der Ton. Gegen den Schluß wurde er immer besser und besser, bei jeder Wiederholung wird er an Wert gewinnen, Herrn Pöck wird er in dieser Rolle nie erreichen.

Madame Ernst ist eine so ausgezeichnete Sängerin, daß eine Parallele im allgemeinen zwischen ihr und Mamsell Segatta ziehen, erstere – bald hätte ich gesagt: beleidigen hieße. Aber die Rolle der Alise ist die beste der Mamsell Segatta und eine untergeordnete der Mad. Ernst. Wenn die vortreffliche Gesang-Manier der Sängerin des Stadttheaters in manchen Stellen ihre Preisbewerberin weit zurückließ, so gab auf der andern Seite der immer reine Anschlag der Mamsell Segatta, die klangarmen Stimmen gewöhnlich beiwohnende Leichtigkeit hohe Accorde zu ergreifen, der Vorstadtsängerin nur zu oft ein merkliches Uebergewicht. Auch war die naive Nuancierung, die Mad. Ernst der Rolle geben zu müssen glaubte, der Wirkung nicht günstig. Das Zünglein der Wage steht so ziemlich ein, zwischen der Leistung dieser beiden Sängerinnen, ohne Präjudiz versteht sich für alle andern Rollen.

Mehr oder weniger gilt das von Mad. Ernst Gesagte auch von Herrn Binder. Alle seine Kunstbildung konnte nicht verhindern, daß, besonders in dem schönen Duett zu Anfang des 2. (3.) Aktes Herrn Emmingers gesunde frische Tenorstimme eine ungleich bessere Wirkung hervorbrachte. Ueberhaupt sank dieses Duett, ein Glanzpunkt in der Darstellung des Josephstädter Theaters, an jenem Abend beinahe bis zur Unbedeutendheit herab. Die Sänger wurden zwar vorgerufen, sie fanden aber wohl in ihrer eigenen Brust minder günstige Richter.

Ueber Herrn Breiting ist es schwer, ein Urteil zu fällen oder vielmehr das gefällte auszusprechen. Er vereinigt manches Gute mit so viel – Abenteuerlichem in Spiel und Gesang, daß man sich in Verlegenheit gesetzt findet. Seine Stimme ist die Stimme vier oder fünf verschiedener Menschen, von denen der eine übel singt, der andere gut. Wenn es ihm gelingt, mit zusammengefaßter Kehle diese gewaltigen Töne zu bändigen, so gerät manches recht vorzüglich, wo er sich aber vergißt und dem Strom seinen natürlichen Lauf läßt, so macht es, wie gesagt, eine abenteuerliche Wirkung. Der gegenwärtigen Vorstellung hat er vielleicht dadurch geschadet, daß die, wie es scheint, im voraus unberechenbare Stärke seiner Töne die der Nebensänger deckte, wodurch das künstliche Verhältnis der Stimmen mitunter unangenehm gestört wurde.

Der Chor des Stadtoperntheaters ist so anerkannt vortrefflich, daß ihn neuerdings zu loben, überflüssig scheint. Seine Richtigkeit ist sich unter allen Verhältnissen gleich geblieben. Nur scheint mir, daß in ganz neuester Zeit er sich vor allem die Stärke zum Hauptaugenmerk gemacht habe, ohne zu bedenken, daß nicht alle Zuhörer mit den Ohren der Menge hören. Unangenehm ist mir der Weiberchor im 4. Akte aufgefallen, der mit schwungloser Starrheit vorgetragen wurde. Er erhielt zwar Beifall, ich möchte aber die Leiter des Chors fragen, ob sie dies für die Art halten, in der Gesangsstücke vorgetragen werden sollen. Der Männerchor des Theaters in der Josephstadt ist, wie natürlich, weder an Genauigkeit noch an Macht mit dem Städter zu vergleichen, in der ersten Vorstellung hat er aber sehr richtig nuanciert.

Noch viel weniger leidet der eingestreute Tanz, im Stadttheater von geübten Künstlern ausgeführt, eine Vergleichung mit der gleichnamigen Ausschmückung der Oper im Josephstädtertheater, dessen Tänzer alles können, nur nicht tanzen. Die *Idee* des Balletts aber schien mir im letzteren viel richtiger aufgefaßt. Alle Bewegungen haben dort eine Beziehung auf den Zweck, Roberten zur Ergreifung des Zweiges anzulocken. Im Kärntnerthortheater aber erscheinen die Tänzerinnen, führen Nummer für Nummer vier oder fünf Entrees auf, wobei sie die Beine von sich strecken und echt solotänzerisch sich um den Gang der Handlung nicht im mindesten bekümmern. Und all das so reizlos, so unverführerisch, daß man glaubt, Robert ergreife nur den Zweig, um sie los zu werden. Auch ist es ein unverzeihlicher Mißgriff, daß die Verwandlung der erstandenen Sünderinnen in reizende Mädchen nicht auf dem Theater selbst geschieht. Der ganze Gedanke wird dadurch gestört.

Hier muß ich nur noch bemerken, daß das eingestreute Lob über die zum Teil getadelten Sänger des Stadttheaters nicht als ein Pflaster auf geschlagene Wunden, nicht als eine Bemühung, das einerseits Verdorbene auf der andern Seite wieder gut zu machen, anzusehen ist, sondern als meine wahre Herzensmeinung über wohlverdiente Künstler. Ich kenne keine Rücksicht auf Personen, die *Gunst* der einzelnen und des Ganzen ist mir gleichgültig, sowie das Wohl- oder Uebelwollen der gesamten Welt, wenn es sich um das Gute und Rechte handelt.

Mamsell Baier zog sich wohl gut aus ihrer Rolle, die sie mit Gefühl vortrug und mit Verstand auseinander setzte. Die Schwierigkeit ihrer Gesangpartie fordert eine Sängerin vom ersten Range. Sie machte mit viel Umsicht häufigen Gebrauch von einer gemäßigten *sotta voce*, der die sogenannten *éclats* ihrer Stimme am wenigsten zusagen.

4.
Erstes Auftreten der Dlle. Leeb.

(1836.)

Ich fühle mich veranlaßt, auch einmal eine Theateranzeige zu schreiben. Am 27. September wurde im Josephstädter Theater die Oper: »Der Schwur« zum ersten Auftreten der Sängerin Dlle. Leeb gegeben. Daß die junge Anfängerin mit großem Beifall sang, Orchester und Chöre recht gut und die ganze Aufführung recht lobenswürdig war, gereicht dem Personal und der Direktion zu großer Ehre, geht mich aber hier nichts an, da ich mein Absehen auf etwas ganz anderes gerichtet habe. Es ist dies der Theaterzettel.

Auf demselben war nämlich Dlle. Leeb als ehemalige Schülerin des Musikvereins und gegenwärtige des Herrn Seipelt bezeichnet. Ehemalige Schülerin. Man sollte denken, das datiere von Jahren her. Dlle. Leeb war aber bis unmittelbar vor ihrem Auftreten Schülerin des Musikvereins, wo sie, noch dazu mit Stipendium, durch sechs Jahre Unterricht genoß, und das lernte, was sie jetzt kann. Gegenwärtige Schülerin des Herrn Seipelt. Er hat also wahrscheinlich den Part mit ihr durchgegangen, was allen Dank verdient; noch mehr aber, daß er sich enthalten, ihr von der richtigen Gesangsmethode und dem angenehmen Vortrag, den wir aus der theatralischen Laufbahn Herrn Seipelts an ihm kennen, und die selbst den Komiker Nestroy zur Nachahmung anreizte, ihr bis jetzt auch nur das Geringste beizubringen. Ich will Herrn Seipelt ein mir unbekanntes Verdienst im Erteilen des ersten Elementarunterrichts nicht bestreiten: aber glaubt er wirklich im stande zu sein, eine Sängerin, die im Musikverein bis auf die Stufe gebracht worden ist, auf der Dlle. Leeb schon seit länger als einem Jahre steht, – glaubt Herr Seipelt wirklich, er könne einer solchen Sängerin noch etwas beibringen? Was denn? Letzte Rundung, Geschmack, Empfindung? Herr Seipelt?

Bis hierher scheint die Sache nur lächerlich. Sie hat aber auch eine ernsthafte Seite ...

5.

(1847?)

Da ist denn eine Oper, von deren Wert jedermann gleich mir überzeugt sein wird, und die doch in der Aufführung nicht gefallen hat. Ein Teil dieses ungünstigen Erfolges fällt freilich dem Opernbuche zur Last, das entweder geradezu schlecht, oder wenn nicht schlecht, doch wenigstens unverständlich ist. Ein anderer Teil trifft die mangelhafte Auffführung, denn außer Herrn Staudigl und, in gebührendem Abstand, Herrn Pfister, hat niemand seine Schuldigkeit völlig gethan. Nichtsdestoweniger kleben aber auch der oben belobten Musik wesentliche Fehler an. Vielleicht ist jede Nummer einzeln vortrefflich, zusammen aber unterstützen und unterscheiden sie sich nicht hinlänglich. Außer ein paar gefälligen, aber auf das Ganze wenig Einfluß nehmenden Kavatinen, herrscht in dem übrigen ein durchgängiger Charakter von Beweglichkeit und Unruhe, der dem Gemüte keine Haltpunkte gestattet und daher auf die Länge belästigend wird. Die musikalischen Perioden sind durchgehends zu lang, selten durch Schlußpunkte, fast immer nur durch Beistriche und Kolons getrennt und unterschieden. Wie die Italiener eine Vorliebe, so könnte man sagen, der Verfasser habe eine Scheu vor der Kadenz. Immer wird sie durch neue Ausweichungen hinausgeschoben und, wenn das Ohr nach dem Grundtone lechzt, wird durch eine Folge von Nebenaccorden der Durst bis zum Verschmachten gesteigert. Der Verfasser hat alles, was zum Komponisten gehört, auch Melodie, schöne edle Melodie, er ist aber zur Zeit noch nicht Meister des Kunststückes: während er schreibt zugleich im Parterre zu sitzen und sich zuzuhören, mithin auf das Bedürfnis des Publikums Rücksicht zu nehmen. Diese Trennung der Personen, die dem Unverständigen geringfügig, ja verächtlich scheint, ist nichtsdestoweniger das, was den Begabten erst zum Künstler macht, die Brücke aus der Studierstube in die Welt.

Man spreche nur nicht gleich – wie eben die nämlichen Unverständigen – von dem Publikum als von Leuten, die nichts verstehen. Das Schlimmste für den Komponisten wäre, wenn die Zuhörer so viel oder mehr verstünden als er. Dann würden nämlich sie die Opern schreiben und er müßte zuhören. Aber die Stellung des Künstlers noch so hoch angeschlagen, wird sie doch nicht höher sein als die des Lehrers, und auch die Aufgabe dieses letztern ist: faßlich zu sein und dazu muß man sich auf den Standpunkt des Hörers versetzen können.

Es haben in der Oper mehr Nummern enthusiastisch gefallen, als in mancher andern, bis zum Himmel erhobenen. Im Verfolg aber ermattete das Publikum und zwar, nach obigen Andeutungen, ebensosehr aus physikalischen als aus ästhetischen Ursachen.

Ueber das Wirken der Gesellschaft der Musikfreunde des österreichischen Kaiserstaates und deren gegenwärtigen Zustand.[5]

(Wien, im Dezember 1838.)

Die jüngste Leistung der hiesigen Gesellschaft der Musikfreunde des österreichischen Kaiserstaates, die großartige Aufführung von Haydns unsterblichen »Jahreszeiten« ist noch lebendig in allen Gemütern. Sie bildet ein Ereignis, dessen Erinnerung nicht so leicht verlöschen wird. Tausendeinhundertzweiunddreißig Musiker, sämtlich Bewohner einer und der nämlichen Stadt, großenteils Schüler oder Mitglieder der Anstalt, konnten vereinigt werden, um auf gleicher Hohe mit einer riesenhaften Konzeption, dem Ausdrucke derselben eine Macht zu verleihen, wie sie der Verfasser des Werkes kaum in den Momenten der Begeisterung sich als möglich gedacht hätte. Und das alles hat eine Anstalt geleistet, die nicht durch Dotationen und ausschließliche Begünstigungen, sondern lediglich durch einzeln gesammelte Beiträge der Kunstfreunde einer wenig ausgedehnten Provinz, um nicht zu sagen einer einzigen Stadt, gegründet, erhalten, und durch mehr als ein Vierteljahrhundert fortgeführt worden ist.

Es hat im Verlaufe dieser Zeit nicht an Verkleinern der Anstalt gefehlt. Man behauptete, die Künstler vom Fache würden dadurch in ihrem Erwerbe beeinträchtiget, aber es leben Hunderte derselben von der verbreiteten Liebhaberei für die Kunst, und so nützt, was diese Liebhaberei befördert, unmittelbar den Künstlern. Man befürchtete, ein der echten Kunst gefährlicher Dilettantismus werde genährt und über seine Grenzen befördert. Nun denn, wenn die letzte Aufführung der »Jahreszeiten« Werk des Dilettantismus war, so sei er gehegt und gepriesen für immer! Man hat der Gesellschaft

---

[5] Wiener Zeitschrift, 10. Jänner 1839. Nr. 5, S. 39 f. (Eingesendet.)

vorgeworfen, sie habe noch wenige eigentlich bedeutende Künstler hervorgebracht. Aber was hat sich denn in derselben Zeit auch außerhalb der Gesellschaft musikalisch Großes nachgebildet? Mozarts, Haydns und Beethovens Platz ist noch nicht besetzt. Trägt irgend jemand, oder irgend eine Anstalt dessen die Schuld?

Die Schule bildet nur das Talent, aber sie erzeugt es nicht. Laßt es wieder bedeutend wie früher unter uns entstehen, und es wird in den Musikschulen des Konservatoriums von vortrefflichen Meistern seine Bildung, oder wenn der Zufall es andere Wege führen sollte, doch im Kreise der Gesellschaft das zweite Erfordernis seiner Wirksamkeit finden: Ein nicht nur kunstliebendes, sondern auch kunstverständiges Publikum in allen Klassen und Ständen. Und dazu, was eigentlich die Aufgabe der Schule ist, die Verbreitung der Lehre und der Fertigkeit in die ganze Masse der Ausübenden, dazu hat die Gesellschaft der Musikfreunde beigetragen nach Vermögen und redlich. Wer sich der Schwierigkeit erinnert, mit der die viel schwächere Besetzung zu Händels »Timotheus« beim Entstehen der Anstalt zusammengebracht wurde, und weiß, wie viele jüngsthin bei Haydns »Jahreszeiten« als überflüssig zurückgewiesen werden mußten, kann hierüber keinen Zweifel hegen. Es sind aber auch aus der Mitte der Gesellschaft selbst und aus ihrer Lehranstalt wirklich schon mehrere ausübende Tonkünstler ersten Ranges, und eine große Anzahl geschickter, vollkommen brauchbarer Sänger und Instrumentalisten hervorgegangen, welche im In- und Auslande ehrenvolle Anerkennung gefunden haben, wenn es auch nicht von jedem einzelnen öffentlich bekannt geworden ist, daß sie ihre Ausbildung, oder wenigstens die Grundlage derselben, der Gesellschaft verdanken. Ein Verzeichnis derselben würde genügen, auch in dieser Beziehung jeden Zweifel über die Verdienste der Anstalt schwinden zu machen. Allerdings fehlt aber der Gesellschaft noch manches und vieles, dessen Mangel aus der Beschränktheit der Mittel hervorgeht. Bei ihrem Entstehen vom Publikum mit Enthusiasmus gegründet, machte ihr Anwachsen bald viele und bedeutende Auslagen notwendig. Aus Mangel eines geeigneten Lokals mußte ein eigenes Haus gekauft, ein weitwendiger Bau unternommen werden, dessen Kosten, zum Teil auf die Hoffnung einer gleich günstigen Zukunft vorausgenommen, noch immer mit Kapital und Zinsen schwer auf der Anstalt lasten; zahlreiche Meister und Einrichtungen waren zu bestreiten. Wenn auf diese Art die Anforderungen sich häuften, wollten die Zuflüsse nicht gleichen Schritt halten. Im Verlaufe beinahe eines Menschenalters ward ein beträchtlicher Teil der ersten Gründer und Beförderer durch den Tod hinweggerafft; Umsiedlungen, häusliche Ereignisse machten andere Beiträge stocken. Die Anzahl der unterstützenden Mitglieder, trotz der großmütigen Gaben einzelner, blieb nach und nach so weit zurück, daß, wenn es nicht gelingt, das Publikum zu neuer Teilnahme anzuregen, die Gesellschaft ihre Zwecke, ja endlich ihren Bestand gefährdet sehen, oder, wenn man vermöchte, Beistand von andern Seiten zu erhalten, Wien wenigstens um den Ruhm gebracht sein würde, so großartige Wirkungen ohne anderes Einschreiten, bloß durch die Kunstliebe einzelner, als Ergebnis der allgemeinen Kunstbildung hervorgebracht und erhalten zu haben.

Man hat die Gelegenheit des jüngst veranstalteten Musikfestes benützen wollen, um Wiens Bewohner und das Land überhaupt auf die Umstände aufmerksam zu machen. Wenn die Gesellschaft erst der Sorge für die Lasten der Vergangenheit enthoben ist, wird es ihr möglich werden, jene Kunsthöhe zu erreichen, die sie sich als Zweck vorgesetzt, und deren Grundbau schon in den bisherigen Leistungen sich gelegt findet. Mögen daher sämtliche Kunstfreunde, die der Anstalt noch nicht angehören, in diesen Andeutungen einen Sporn finden, sich so edlen Zwecken anzuschließen; jene aber, die bereits Mitglieder sind, eine Aufforderung, die hier ausgedrückten Wünsche im Kreise ihrer Freunde durch persönliches Einwirken zu unterstützen.

Die Beiträge, welche die Gesellschaft von ihren gewöhnlichen Mitgliedern erwartet, sind an sich nicht bedeutend, die Vorteile jedem Gebildeten klar. Da übrigens einer der Hauptzwecke, ja der Hauptzweck selbst, die Erhaltung und weitere Fortbildung des Konservatoriums ist, so würden, wie dies schon öfters der Fall gewesen ist, Beiträge oder Zusicherungen mit besonderer Widmung für diese Anstalt, zu vorzüglichem Danke verpflichten.

F. G.[6]

---

[6] Daran schließt sich eine kurze Erklärung »vom leitenden Ausschuß der Gesellschaft der Musikfreunde des österreichischen Kaiserstaates«.

Entwurf eines Berichtes über die Vollendung von Schuberts Grabdenkmal

(1830)

Allen Freunden und Verehrern Schuberts, vornehmlich aber denjenigen, die ihr Gefühl für ihn durch Beiträge zu seinem Denkmale werkthätig gezeigt haben, dient zu wissen, daß dieses Denkmal, von geschickter Hand wohlgelungen ausgeführt und mit der ähnlichen Büste des Verewigten, aus Gußeisen geziert, eben jetzt fertig geworden und in dem Kirchhof zu Währing aufgestellt ist, wo es der allgemeinen Ansicht offen steht.

Die Nachweisung über die Verwendung der durch Unterzeichnung eingegangenen Beträge wird nachträglich bekannt gemacht werden.

5. Zu den bildenden Künsten

(1820.)

Wie es mit physiognomischen Urteilen beschaffen sei, zeigt unter andern auch der kolossale Kopf eines Imperators in den Studj zu Neapel, den man gegenwärtig für einen Titus hält, und in dessen Zügen der Galeriekatalog alle Güte und Leutseligkeit sieht, die jenen Kaiser auszeichneten, indes ihn noch Stolberg im dritten Teil seiner Reise als einen Vitellius ausschilt und das Kainszeichen auf seiner Stirne unverkennbar eingebrannt findet.

(1821.)

Sollte das sogenannte griechische Profil (mit gleichlaufender Stirne und Nasenwurzel) nicht in der Plastik dadurch entstanden sein, daß, weil Statuen meistens von untenauf angesehen werden, jeder Einbug der Nasenwurzel in dieser Ansicht teils an dem Orte des Bugs einen widerlichen Schatten gegeben, teils die gebogene Nase selbst sich unangenehm verkürzt (skorziert) hätte.

(1859.)

Ein Beweis dafür, daß der besten Zeit der griechischen Plastik alles Malerische fremd war, ist wohl, daß bei allen Statuen dieser Periode der Augapfel nirgends angedeutet ist, zum Zeugnis, daß ihre Kunst nur die reine Oberfläche mit ihren Erhöhungen und Vertiefungen sich zur Aufgabe macht. Wenn dabei die nachweisbaren Statuen aus Gold und Elfenbein eine Ausnahme machten, so kommen ebenso nachweisbar diese Gebilde in der Zeit des Uebermuts der athenischen Republik vor, wo es Zweck des Staates war, der aus allen Teilen Griechenlands zusammenströmenden Menge eine hohe Idee von der Macht und dem Reichtum der Republik zu geben. Daß aber, wie man sagt, auch Marmor- und Erzbilder der besten Zeit Spuren von Bemalung zeigen, erklärt sich vielleicht so, daß sie erst in den Zeiten der verfallenden Kunst, also später, bemalt worden sind.

(1838.)

Die Maler kann man en gros in zwei Hauptrubriken teilen. Die einen betrachten die Darstellung der Natur als Hauptaufgabe, die andern jene des Gedankens. So sehr nun der eigentliche Maler beides vereinigen müßte, so ist doch nicht zu leugnen, daß, die Spaltung einmal als vorhanden zugegeben, die erstere Klasse im Vorteil ist. Denn wer die Natur nachahmt, bekommt jene Gedanken, die in der Natur selbst liegen, gratis in den Kauf mit, indes in dem Gedanken keineswegs noch die äußere Naturwahrheit mit eingeschlossen ist.

(1835.)

Die Deutschen sind in der neuesten Zeit sehr geneigt, die sogenannte erste (jugendliche) Manier großer Künstler den Werken ihrer Reife vorzuziehen. Ob ihnen dabei nicht der Verdacht kommt, daß sie vielleicht im allgemeinen knabenhafte Forderungen an die Kunst machen!

(1855.)

Eigentliche Ideenmaler sind die Kinder. Bei diesen ist ein vierbeiniger Schrägen und darauf ein paar senkrechte Striche mit einem Säbel und Federbusch ein Husar. Das drückt die Idee vollkommen aus.

(1836.)

Dieser neuern deutschen Malerschule fehlt, bei manchen Vorzügen, doch die starke Empfindung der Natur. Ueberall bloß Gedanken- und Gefühlszwecke.

(1821.)

Speth[7] bemerkt bei der *Madonna della sedia* von Raphael: »Das Kind verstecke die eine Hand zu tief in den Busen der Mutter, was dem lüsternen Geist Ursache gebe, in Gedanken sich zu belustigen, welche der Seele beim Anblick eines Bildes, das das Heiligste in irdischen Gestalten zeigt, durchaus fremd sein müssen,« Elender! für Leute deinesgleichen hat Raphael nicht gemalt. Ja freilich, wer bei dem Anblick dieser Madonna an so etwas nur denken kann, hat wohl nötig, religiöse Gesinnungen auch in der Kunst zu suchen, denn Schufte brauchen Religion, damit sie im Zaume gehalten werden.

(1821.)

---

[7] B. Speth, die Kunst in Italien, Erster Teil. München 1819.

Ein großer Teil von dem angenehmen Eindruck, den die Gemälde der altern Meister auf uns machen, mag wohl auch in dem Rührenden liegen, das jedes redliche Streben hat, dem der Erfolg aus Mangel der Mittel entgeht. So zieht auch das Steife in alten Gedichten und Chroniken an. Die Unbeholfenheit scheint Unschuld, und die Manier einer verflossenen Zeit wird, wenn man sie, statt mit ihrer, mit unserer Zeit vergleicht, zum Charakter, wohl gar zum Stil. Ein Chinese ist in Europa eine Sonderbarkeit, in China eine Gemeinheit.

(1836)

Wie leer ist, was Gaudy (Römerfahrt[8]) über Michel Angelos letztes Gericht sagt. Es soll nicht in Einheit zusammengehen, zu ausgedehnt kolossal sein. Wer hieß ihn die Seitengruppen als Hauptsache betrachten? Der Welterlöser als Richter mit der entsetzlichen Gebärde der Verwerfung ist nicht nur der Mittelpunkt, er ist die Essenz des Gemäldes, das andere ist nur Staffage,

Sprachliche Studien

(1822)

Die Beweise einer Verwandtschaft von Völkern aus der Verwandtschaft ihrer Sprachen sind um so trüglicher, da die historisch am wenigsten verwandten Völker es doch eigentlich genetisch gar sehr sind, als Menschen beiderseits nämlich: als Menschen, die mit denselben Organen, durch dasselbe Bedürfnis, aus denselben Anlässen zum Sprechen gebracht werden: wozu noch kommt, daß daher auch die ersten Worte aller Völker wahrscheinlich Onomatopöen sind. Sollen sie sich da nicht ähnlich sein?

(1857?)

Die Sprachgelehrten setzt mitunter der Zirkel in Verlegenheit, der darin liegt, daß die Sprache zum Behufe des Denkens erfunden oder gefunden werde, indes man doch ohne vorläufige Sprache nicht denken könne: welch letzteres auch ungezweifelt wahr ist. Aber es hat der Mensch, außer den Gedanken, und zwar noch früher, auch Empfindungen, Bedürfnisse, Triebe, Wünsche, Befürchtungen, die gleichfalls einen Ausdruck suchen und brauchen, wenn erst ein Zusammensein, ob auch nur von zweien, vorausgesetzt wird. Der

---

[8] Mein Römerzug, Federzeichnungen, Berlin 1836

Mensch allein würde lautlos sein wie das Tier und die Sprache ist weder ein Erzeugnis des Denkens, noch auch der Empfindung, sondern des Dranges und der Notwendigkeit der Mitteilung, wo denn freilich die Empfindungen das erste Mitzuteilende sind. Die Schwierigkeit bei der Mitteilung aber besteht nicht darin, ein Zeichen für das, was man meint, zu finden, sondern daß die andern mit dem Zeichen denselben Sinn verbinden, den ich hineinlegen will. Vor aller Uebereinkunft verständliche Zeichen nun sind nur die Gebärden. Die erste Sprache wird daher eine Gebärdensprache gewesen sein. Diese ist dem Menschen so natürlich, daß wir noch jetzt unsere Wortsprache mit Gebärden begleiten. Ebenso wird man aber auch nicht unterlassen haben – da die unartikulierte Stimme eben auch nichts als eine Gebärde für das Ohr ist – solche sichtbare Andeutungen durch Tone, Lautnachahmungen und Stimmaccente zu erläutern und zu ergänzen. Daß aus der Gewohnheit, die nämlichen Gebärden mit den nämlichen Stimm- und Lautfällen zu begleiten und aus der Ueberzeugung, daß in der Nacht, im Dickicht des Waldes das Stimmzeichen brauchbarer sei als die Gebärde, endlich das Uebergewicht auf die Seite der Mündlichkeit fallen mußte, ist ebenso einleuchtend. Wie aus diesem Gestammel des Bedürfnisses und des Sinneneindrucks unsere abstrakte Wortsprache entstehen konnte, erklärt eine Kategorie, welche in der Logik und Metaphysik keinen Platz hat, in der Wirklichkeit aber mächtiger als jede Macht ist: die Allmählichkeit. Ohnehin ist jedes, selbst das roheste Zeichen bis zu einem gewissen Grade abstrakt, da es nicht den einzelnen Gegenstand, sondern den Gegenstand im allgemeinen bezeichnet.

Hiermit geschieht nicht der Würde des Menschen ein Eintrag, da nur unter Voraussetzung seiner naturbestimmenden Eigenschaften eine solche Entwicklung möglich war und nicht der Punkt, von dem man anfängt, den Wert bestimmt, sondern der, auf dem man ankömmt.

(1860.)

Die Mitteilungsfähigkeit ist das Palladium der Menschheit. Die Tiere würden vielleicht von uns nicht so ungeheuer weit abstehen, wenn der Alte das Erlebte und Erfahrene seinen Jungen als Vermächtnis hinterlassen könnte. Aber in diesem Vorzuge liegt auch eine Gefahr des Verfalls. Die Frühergewesenen haben sich ihre geringen Kenntnisse mit vieler Mühe, durch Erfahrung und oft getäuschtes Nachdenken erworben. Sie sind dadurch in Fleisch und Blut übergegangen und zu Ueberzeugungen geworden. Die Spätern bauen auf dem Ueberlieferten fort und je höher sie bauen, um so schwächer werden ihnen die gar zu leicht, fast nur mit dem Gedächtnis erworbenen Grundlagen. Ist es endlich so weit gekommen, daß die Empfindungen zu Worten, die Ueberzeugungen zu Notizen geworden sind, so verliert die Generation ebensoviel an Charakter, als sie an Kenntnis gewinnt; und dann tritt jener Umsturz ein, der die alten Bildungsepochen zerstört hat und die unsere nicht verschonen wird.

(1819)
Die deutsche Sprache hat ihre Unbeholfenheit in der Poesie schon größtenteils abgelegt. In der Prosa wird sie dahin erst dann gelangen, wenn sie das Periodenmäßige aufgibt, das teils angeborne Gravität, teils Nachahmung des Lateinischen dem Deutschen aufgeredet haben. Der Mangel bestimmter, regelmäßig sich wiederholender Endsilben bei Nenn- und Zeitwörtern, die in den artikellosen Sprachen die entferntesten Glieder einer Rede so leicht und natürlich verbinden, der beschränkte Gebrauch der Mittelwörter, ja ihr Abgang in der leidenden Bedeutung-, die häufigen sich selbst verwirrenden Hilfszeitwörter machen jede verschlungene Redestellung unzweckmäßig und man muß sie um so sorgfältiger fliehen, je mehr die verführerische, Kürze-lügende Möglichkeit, mehrere Sätze ineinander einzuschachteln, durch die abtrennbare Natur unserer Fürwörter begünstigt wird. Soeben bemerke ich, daß die vorstehende Warnung gegen die Verwickeltheit der Redestellung, durch ihre eigene Verwicklung sehr gut das Objekt darstellt, vor dem gewarnt wird und daher als Regel und Beispiel zugleich dienen kann.

Neue Rechtschreibung

(1836)

1.

Man will eine neue Rechtschreibung in den Schulen einführen. Ich bitte die Behörden, es zu unterlassen.

Man muß Neuerungen überhaupt nur einführen, wenn sie notwendig oder von wesentlichem Nutzen sind, sonst hat das Bestehende die Vorrechte des Natürlichen.

Der Prüfstein alles Neuen ist die Zeit. Erst wenn ein Menschenalter vorübergegangen ist und trotz alles Wechsels der Ansichten das Neue sich erhalten hat, weiß man, daß man eine Verbesserung gemacht und nicht einer Mode gehuldigt hat.

Nirgends ist die Vorsicht gegen Neuerungen so notwendig als in Deutschland, wo man alle zehn Jahre litterarische Absurditäten in Gang setzt, über die man zehn Jahre später wieder lacht.

Die Sprachen werden durch den Gebrauch und die großen Schriftsteller gemacht. Wie unsere Altvordern gesprochen und geschrieben haben, ist uns höchst gleichgültig, denn sie waren albern, und wir wollen uns bemühen, gescheit zu sein.

An dem Materiellen einer Sprache ist nichts stoßweise zu ändern, wenn sie einmal eine klassische Litteratur hat. Leider veralten auch die großen Schriftsteller, es wäre aber Frevel, beizutragen, daß sie vor der Zeit veralten.

Was für jedermann gilt, gilt vor allen für die Schule. Sie hat nichts vorzutragen, als was sich durch längere Geltung als gut und richtig bewährt hat.

Bei litterarischen Schulen mag einige Ausnahme gelten, obwohl wir auch da die traurigsten Beispiele in Deutschland gesehen haben. In Zeit von fünfzig Jahren sind vier philosophische Systeme vergöttert und verlacht worden. Aber die Zöglinge der höhern Schulen bleiben auch später in einigem Verhältnis zur Litteratur. Sie mögen sich die Kleider ihrer Jugend ändern lassen, wenn man statt der langen Taille wieder eine kurze trägt.

Die Schüler der deutschen Schule aber lernen, was man ihnen beibringt, für ihr ganzes Leben. Es wäre traurig, wenn ein Bekenner der neuen Orthographie in einer Schreibstube nicht aufgenommen oder nach zehn Jahren wieder entlassen würde, weil er nicht deutsch schreiben kann.

Man beherzige dies und überlasse die urhochdeutschen Bestrebungen den Phantasten und Pedanten, Es gibt in Deutschland nämlich auch Pedanten des Neuen und, was fast überall unerhört ist: phantastische Pedanten.

2.

> Des Schreibens Regel nehmt,
> der Neuzeit zum Affront,
> Aus einer Zeit,
> die schreiben nicht gekonnt.

Aber auch im Ernst ist es lächerlich, die alt- oder mittelhochdeutsche Schreibweise als Muster aufzustellen. Beim Uebergang aus der Runen- in die Buchstabenschrift erfand man nicht eigene deutsche Buchstaben, sondern nahm die lateinischen und suchte sie den deutschen Lauten anzupassen. Nie denn schon Notker oder Otfried, wer's nun eben war, sich beklagt, wie schwer es sei, für die deutschen Worte Buchstaben zu finden. Die brutalen Doppellaute oa, und ao und uo und ou zeigen den greulichen Vokalismus unserer Vorfahren; mit den Mitlauten wird es auch nicht besser bestellt gewesen sein. Diese Unfähigkeit, die Sprachlaute wiederzugeben, soll nun als Regel für eine gebildete Sprache gelten.

(1820)

Es ist etwas Aehnliches im Gebrauch des Wortes bei den Griechen und dem: erschrecklich der Oesterreicher, wenn sie sagen: erschrecklich schön, entsetzlich gut.

(1822)

Das comfortable der Engländer liegt zwischen unserm behaglich und erquicklich in der Mitte. Es ist erquicklicher als unser behaglich und behaglicher als unser erquicklich.

(1826)

Fällt es jedermann so schwer als mir, sich eine junge Römerin zu denken, die mit ihrem Heißgeliebten von ihrer Leidenschaft – lateinisch spricht? Warum kann ich mir sehr wohl eine Griechin in derselben Lage in ihrer Sprache redend vorstellen?

(1845–1846?)

Ein großer Nachteil der französischen Sprache gegenüber der deutschen besteht in der *Allgemeinheit*, in dem oft *Unsinnlichen* des Ausdrucks.

Z. B. die vielen Fügungen mit *prendre*, an dessen Stelle im Deutschen lauter genauer bezeichnende Zeitwörter stehen: prendre balcìne: Atem *schöpfen*, – *tabac*: Tabak *schnupfen*, – *café*: Kaffee *trinken*, – place: nieder *sitzen*.

Derlei weite Ausdrücke geben der französischen Sprache etwas Naives, es ist aber das Naive des Kindes, das noch nicht das bezeichnende Wort kennt und statt der Species die Gattungsbenennung braucht.

Der Franzose hat kein Wort für stehen, reiten, schiffen, fechten u. s. w.

Wie viele Bedeutungen hat nicht unter anderm das Wort *coup*: *boire un ooup, à coup sure, encore un coup*.

Zum *Singen* ist die italienische Sprache, etwas zu *sagen*: die deutsche, *darzustellen*: die griechische, zu *reden*: die lateinische, zu *schwatzen*: die französische, für *Verliebte*: die spanische und für *Grobiane*: die englische.

Aphorismen.

(1835.)

Die Betrachtung tötet, weil sie die Persönlichkeit aufhebt; die Bemerkung erfrischt, denn sie erregt und unterstützt die Thätigkeit. Mitten zwischen beiden durch wäre der wahre Weg.

(1819.)

Der Geist des Menschen und der Gang der Welt ist sich unter allen Umständen und zu allen Zeiten so gleich, daß selten ein Wahres ganz neu und selten ein Neues ganz wahr sein wird.

(1819.)

Die auf dem Ozean des menschlichen Wissens rudern wollen, kommen nicht weit, und die die Segel aufziehen, verschlägt der Sturm.

(1819.)

In die Zukunft schauen, ist schwer; in die Vergangenheit rein zurückblicken, noch schwerer. Ich sage: rein, d. h. ohne von dem, was in der Zwischenzeit sich begeben oder herausgestellt hat, etwas in den Rückblick mit einzumischen.

(1820.)

Wie groß sind die Fortschritte der Menschheit, wenn wir auf den Punkt sehen, von dem sie ausging; und wie klein, betrachten wir den Punkt, wo sie hin will.

(1817.)

Warum das Vergangene uns so lieblich dünkt? Aus demselben Grunde, warum eine Graswiese mit Blumen aus der Entfernung ein Blumenbeet scheint.

(1820.)

Ohne Ahnung vom Uebersinnlichen wäre der Mensch allerdings Tier; eine Ueberzeugung davon aber ist nur für den Thoren möglich und nur für den Entarteten notwendig.

(1808.)

Moral ein Maulkorb für den Willen, Logik ein Steigriemen für den Geist.

(1820.)

Wer Sittlichkeit zum alleinigen Zweck des Menschen macht, kommt mir vor wie einer, der die Bestimmung einer Uhr darin fände: daß sie nicht falsch gehe. Das erste bei der Uhr aber ist: daß sie gehe; das Nichtfalschgehen kommt dann erst als regulative Bestimmung hinzu. Wenn das Nichtfehlen das Höchste bei Uhren wäre, so möchten die unaufgezogenen die besten sein.

(1822)

Es ist mit der Gesundheit der Seele (Moralität) wie mit der des Leibes. Ohne beide ist ein tüchtiges Leben nicht denkbar. Sie aber beide zum Zweck des Lebens machen ist eins so widersinnig als das andere. Unter den Mitteln stehen sie obenan.

(1837)

Mit der Gesundheit der Seele ist es, wie mit der des Körpers. Ohne Gesundheit keine ersprießliche Thätigkeit; aber die Erhaltung der Gesundheit zum Geschäfte seines Lebens zu machen, ist die Sache der müßigen Thoren und Hypochondristen.

(1838)

Die aktiven Faktoren der Menschennatur sind die Neigungen und Leidenschaften; ihr Uebermaß zu hemmen, ist die Aufgabe des Sittlichen. Letzteres ist daher negativ und kann als solches nicht der Zweck des Menschen sein.

(1822)

Alle Unruhe im Menschen entspringt aus der Phantasie; denn selbst das Gewissen, wenn es auch seinen Stoff aus dem moralischen Sinne zieht, nimmt doch wenigstens seine Form aus ihr.

(1839)

Wenn man die Neigung der Menschen in neuester Zeit zur Immoralität und Gesetzlosigkeit bemerkt, muß man darüber nicht zu sehr erschrecken und nicht vergessen, daß, wenn jeder die Ungebundenheit für sich selbst in Anspruch nehmen möchte, er doch zugleich das Gebundensein aller andern wünscht, so daß das Ganze ohne viel Aenderung seinen Weg fortgeht und der Egoismus die öffentliche Moral nicht mehr stört als erhält.

(1811.)

Sich selbst kennen ist bei einem selbst mittelmäßigen Verstande nicht so schwer, als manche Leute sagen; aber im Leben dem gemäß handeln, was man von sich erkannt hat, ist ebenso schwer, als die Praxis in allen Dingen, gegen die Theorie betrachtet.

(1817.)

Jemandem große Verbindlichkeiten schuldig sein, hat nichts Unangenehmes, denn die Dankbarkeit ist eine süße Pflicht; nur kleine Verpflichtungen sind quälend.

(1817.)

Von allen Tugenden die schwerste und seltenste ist die Gerechtigkeit. Man findet zehn Großmütige gegen einen Gerechten.

(1819.)

Wir sind gegen keine Fehler an andern intoleranter, als welche die Karikatur unsrer eigenen sind.

(1818.)

Man ist nie eifersüchtiger, als wenn man in der Liebe anfängt, zu erkalten. Man traut dann der Geliebten nicht mehr, weil man dunkel fühlt, wie wenig einem selbst mehr zu trauen ist.

(1822.)

Der Mann thut durch Untreue seiner Frau ein Unrecht, die Frau, indem sie untreu ist, dem Mann einen Schimpf. Die Frau eines untreuen Mannes bedauert man, über den Mann einer untreuen Frau spottet man. Schon hierin liegt genug von dem Unterschiede, der zwischen beiden Geschlechtern in Bezug auf den Grad der Beleidigung obwaltet, die sie sich durch Untreue zufügen.

(1821.)

Man kann den Charakter eines Menschen nie besser kennen lernen, als an seinem Krankenbette, sowie die Gesinnungen während seines Rausches: ich habe zwei der Hauptapostel des neuen Katholizismus in diesen Zuständen gesehen und erschrak, daß man von daher Heil erwarte.

(1837.)

Niemand ist so sehr in Gefahr, stumpf zu werden, als der höchst Reizbare.

(1838.)

Worte verzeiht man allenfalls, Vorwürfe werden rückgegeben, widerlegt, beschwichtigt. Aber der stillschweigende Vorwurf, der aus dem Wesen eines Menschen hervorgeht, der erbittert die Schurken, und da ist keine Verzeihung.

Denen das Wesen, wie du bist, Im stillen ein ewiger Vorwurf ist.

(1844.)

Das fürchterlichste Mittel gegen quälende Gedanken ist die Zerstreuung, sie führt zur Gedankenlosigkeit.

(1846)

Die gescheiten und die dummen Leute erkennt man unter andern auch daraus, daß die Dummen das verehren, was in ihrer eigenen Richtung liegt, die Gescheiten aber, was sie fühlen, daß ihnen abgeht.

(1834.)

Von einem haben die sogenannten gebildeten Leute gewöhnlich keine Vorstellung: daß jemand den zusammengesetzten und künstlichen Zustand, den sie Bildung nennen und der auch wirklich Bildung ist, durchgemacht haben könne und auf der andern Seite wieder ins Einfache und Natürliche herausgekommen sei. Ihnen scheint alles Schlichte: Unkultur.

(1838.)

Die Ungebildeten haben das Unglück, das Schwere nicht zu verstehen, dagegen verstehen die Gebildeten häufig das Leichte nicht, was ein noch viel größeres Unglück ist.

Der Ungebildete sieht überall nur einzelnes, der Halbgebildete die Regel, der Gebildete die Ausnahme.

In gewissen Ländern scheint man der Meinung: drei Esel machten zusammen einen gescheiten Menschen aus. Das ist aber grundfalsch. Mehrere Esel in concreto geben den Esel in abstracto, und das ist ein furchtbares Tier.

(1856.)

Durchbildung ist ein sehr gutes neues Wort und zeigt an, daß ein Mensch so von Bildung durchdrungen ist, daß, nach Austreibung alles Natürlichen, er sich als ein ausgespritztes anatomisches Präparat darstellt.

(1858.)

Den Berlinern merkt man ewig an, daß ihre Bildung von Franzosen und Juden ihren Anfang genommen hat.

(1820-1821.)

Jede poetische Feuersbrunst bringt, wie jede wirkliche, ihren eigenen Wind mit sich, der die Flammen nicht selten weiter trägt, als man anfangs vermuten konnte.

(1839.)

Seit man nicht mehr in die Kirche geht, ist das Theater der einzige öffentliche Gottesdienst, sowie die Litteratur die Privatandacht.

(1836.)

Diese Schriftsteller, die nur über anderes sprechen, Schmarotzerpflanzen.

(1836.)

Dilettanten genießen das Werk, Professoren zugleich den Meister.

(1835.)

Nachahmen oder anfeinden ist der Charakter der Menge.

(1844.)

Auf die Masse soll und muß jeder Dichter wirken, mit der Masse nie.

(1821.)

Wenn auch das Publikum nicht der oberste Richter in Kunstsachen ist, so ist es die Jury, die, ohne die Gesetze zu kennen, mit schlichtem Sinn den Fall betrachtet und im allgemeinen sein: Schuldig oder Nichtschuldig ausspricht.

Die Anwendung der Gesetze gehört dann freilich der Kritik.

(1822.)

Mir schien es immer höchst lächerlich, wenn man ein Volk in seinen Bewegungen anklagte und tadelte. Der Mensch ist ein selbständiges, freiwollendes und demgemäß handelndes Wesen höchstens dann, wenn er allein ist.

Der Geist der Menge ist blind und aufs Notwendige gerichtet, wie die Kräfte der Natur. Die mutige Begeisterung des Unkriegerischen in der Schlacht und der panische Schreck, der auch die Tapfern ergreift, sind nur einzelne, aber sichere Belege hierzu. Daher ist, was ein Volk thut, immer gut, wie diese Welt gewiß die beste ist, und wer über das, was geschieht, sich ärgert, kommt mir ebenso thöricht vor, als einer, dem nicht recht wäre, daß das Feuer warm und Eis kalt macht.

(1822.)

In einem kalten Zeitalter zu leben, ist kein Unglück. Denn, indem man sich der Kälte entgegenstellt, ergreift man notwendig das Entgegengesetzte: die Begeisterung. Begeisterung aber ist die Mutter alles Großen. Unheilbringend ist aber eine falschbegeisterte Zeit, denn um sich nicht mit fortreißen zu lassen, wird man auf die Kälte hingewiesen. Kälte jedoch sichtet und scheidet, bringt aber nichts hervor.

(1838.)

Wenn man in neuester Zeit gar so viel Wesens von der Bewahrung der Nationalitäten macht, so sollte man bedenken, daß, was die Nationen voneinander unterscheidet, mehr ihre Fehler als ihre Vorzüge sind –, und, wenn Vorzüge, gerade ihr Hervortreten eine Uebertreibung oder nicht gesunde Mischung beurkundet.

(1844.)

Die Allopathie möchte die Arzneikunst in eine Wissenschaft verwandeln, die Homöopathie in ein Handwerk.

(1844.)

Die Homöopathie fehlt schon darin, daß sie die Thätigkeit des Körpers bei einer Krankheit rein als das Bestreben ansieht, die Störung des Organismus zu entfernen. Sie ist aber zusammengesetzt aus der Gegenwirkung gegen die Krankheit und aus der durch die Krankheit herbeigeführten Störung.

(1860.)

Unser Erklären der Natur besteht darin, daß wir ein selten vorkommendes Unverständliches auf ein oft vorkommendes, aber ebenso Unverständliches zurückführen.

(1849.)

Alexander Humboldt der Herder der Naturwissenschaften.

(1849.)

Die Naturgeschichte der deutschen Poesie von Gervinus.

(1849.)

Ich halte es mit der Gelehrsamkeit, wie die Fürsten mit der Verräterei. Ich ehre die Gelehrsamkeit und verachte die Gelehrten, die eben nichts als Gelehrte sind.

Es ist ein altes Volkssprüchlein in Oesterreich: die Tiroler hörten »den Schnalzer« erst im vierzigsten Jahre. Wodurch man ausdrücken will, sie würden erst in diesem Lebensalter klug. Ich weiß nicht, worauf dieser Vorwurf sich gründet, mir wenigstens sind die Tiroler immer so klug, ja klüger vorgekommen, als die andern Leute. Gesetzt aber es wäre wahr, so hört dagegen der deutsche Litterat den »Schnalzer« erst im fünfzigsten Jahre.

(1838.)

Um es in einem Berufe weit zu bringen, muß man nicht allein die Vorzüge, sondern auch die Fehler desselben haben. Die ersten sind der Geist, die zweiten der Körper der Aufgabe.

(1816.)

Man hat so viel über die Gründe gesagt und geschrieben, warum die Schauspieler, obwohl so häufig gehätschelt und geschmeichelt, doch im allgemeinen der eigentlichen bürgerlichen Achtung entbehren? Sollte nicht der Hauptgrund dieser Erscheinung in dem indignierenden Gefühle liegen, jemanden zu sehen, der das Tiefste seines Gemütes, die edelsten Empfindungen, Gefühle, die wir im Innersten hegen und jedem Fremden verschließen möchten, offen und ohne Hülle dem Ungebildeten, Rohen für – Geld hingibt? Es geht beim Gemüte, wie beim Körper. Beide haben Teile, die nicht entblößt sein wollen, wenigstens der Neugierde nicht.

(1828.)

Ob es Klöster geben soll? – Solange das Cölibat besteht, d. h. solange das Wesen der katholischen Geistlichkeit auf einem fortwährend exaltierten Zustand basiert ist, werden auch immer Anstalten sein müssen, die, von der bürgerlichen und häuslichen Gesellschaft abgesondert, Pflanzschulen in solcher, von der gewöhnlichen abweichenden, Sinnesart abgeben können.

(1819.)

Warum die Orientalen vorzugsweise Rätsel lieben? Weil sie weniger denken, als wir, und es ihnen daher wohlthut, die Denkkraft manchmal aufzuregen, ohne sie zu ermüden. Es ist eine Kommotion des Verstandes, wenn er lang geruht hat.

(1838.)

Die Frömmelei des einen Teils der vornehmen Weiber fließt aus derselben Quelle, wie die Koketterie des andern Teils: Müßiggang und Langeweile. Sie vertrödeln den Tag an der geistlichen Toilette, wie die andern an der leiblichen. Der Beichtvater ist ihre *Marchande de modes*, die Beichte ihr Ankleidspiegel, Kirchgänge ihre Rendezvous, Haß und Verfolgung Andersdenkender ihre Eifersüchteleien und *dépits amoureux*.

(1823.)

Frauenzimmer haben in der Regel keinen Sinn für den Scherz, sie goutieren ihn nur, wenn sie gerade in lustiger Stimmung sind.

(1834.)

In der Kirche singen immer die am lautesten, die falsch singen.

(1808-1810.)

Mit Monarchen ist's wie mit der Sonne; die Menschen, die ihr am nächsten sind, sind auch die schwärzesten.

(1834.)

Wenn jemand meinte, die Bäume seien da, um den Himmel zu stützen, so müßten sie ihm alle zu kurz vorkommen.

(1824.)

Alle diese Inseln im weiten Meere, wie klein ihre Oberfläche und wie unermeßlich ihre Festen vom Spiegel des Wassers an bis zum Grunde des Meeres! In wie unermeßlichen Flächen und Krümmen, in wie mannigfaltigen Formationen mögen sie sich hinziehen unter dem Meere, ungeheure Länder und Regionen! Der Mensch nennt aber nur das Land, was für ihn sichtbar und bewohnbar über der Oberfläche sich zeigt. Mir kommen diese Gipfelländer über dem Meere wie die Zeit vor, gegenüber der Verhüllten, unermeßlichen Ewigkeit. Wenn man so viel Wasser auf der Karte sieht, so drängt sich einem das Bild auf, das Land sei im Wasser; und im Grunde ist doch alles Land, nur daß das Wasser die niedrigen Stellen bedeckt. O ihr armen Länder in der Tiefe der Wasser, Gott gebe, daß ihr auch einmal die freudige Sonne erblickt; o ihr Menschen, vom Unglück überflutet, Gott schenke euch einen freudigen Tag!

Über tredition

Eigenes Buch veröffentlichen

tredition wurde 2006 in Hamburg gegründet und hat seither mehrere tausend Buchtitel veröffentlicht. Autoren veröffentlichen in wenigen leichten Schritten gedruckte Bücher, e-Books und audio-Books. tredition hat das Ziel, die beste und fairste Veröffentlichungsmöglichkeit für Autoren zu bieten.

tredition wurde mit der Erkenntnis gegründet, dass nur etwa jedes 200. bei Verlagen eingereichte Manuskript veröffentlicht wird. Dabei hat jedes Buch seinen Markt, also seine Leser. tredition sorgt dafür, dass für jedes Buch die Leserschaft auch erreicht wird.

Im einzigartigen Literatur-Netzwerk von tredition bieten zahlreiche Literatur-Partner (das sind Lektoren, Übersetzer, Hörbuchsprecher und Illustratoren) ihre Dienstleistung an, um Manuskripte zu verbessern oder die Vielfalt zu erhöhen. Autoren vereinbaren direkt mit den Literatur-Partnern die Konditionen ihrer Zusammenarbeit und partizipieren gemeinsam am Erfolg des Buches.

Das gesamte Verlagsprogramm von tredition ist bei allen stationären Buchhandlungen und Online-Buchhändlern wie z. B. Amazon erhältlich. e-Books stehen bei den führenden Online-Portalen (z. B. iBookstore von Apple oder Kindle von Amazon) zum Verkauf.

Einfach leicht ein Buch veröffentlichen: **www.tredition.de**

Eigene Buchreihe oder eigenen Verlag gründen

Seit 2009 bietet tredition sein Verlagskonzept auch als sogenanntes "White-Label" an. Das bedeutet, dass andere Unternehmen, Institutionen und Personen risikofrei und unkompliziert selbst zum Herausgeber von Büchern und Buchreihen unter eigener Marke werden können. tredition übernimmt dabei das komplette Herstellungs- und Distributionsrisiko.

Zahlreiche Zeitschriften-, Zeitungs- und Buchverlage, Universitäten, Forschungseinrichtungen u.v.m. nutzen diese Dienstleistung von tredition, um unter eigener Marke ohne Risiko Bücher zu verlegen.

Alle Informationen im Internet: **www.tredition.de/fuer-verlage**

tredition wurde mit mehreren Innovationspreisen ausgezeichnet, u. a. mit dem Webfuture Award und dem Innovationspreis der Buch Digitale.

tredition ist Mitglied im Börsenverein des Deutschen Buchhandels.

Dieses Werk elektronisch lesen

Dieses Werk ist Teil der Gutenberg-DE Edition DVD. Diese enthält das komplette Archiv des Projekt Gutenberg-DE. Die DVD ist im Internet erhältlich auf **http://gutenbergshop.abc.de**